인플레이션은 왜 발생하는가

마르크스주의 관점

인플레이션은 왜 발생하는가
마르크스주의 관점

지은이 유철수

1판 1쇄 발행 2025년 7월 30일

펴낸곳 두번째테제
펴낸이 장원
등록 2017년 3월 2일 제2017-000034호
주소 (13290) 경기도 성남시 수정구 수정북로 92, 태평동락커뮤니티 301호
전화 031-754-8804 | 팩스 0303-3441-7392
전자우편 secondthesis@gmail.com
홈페이지 secondthesis.com
블로그 blog.naver.com/secondthesis

ⓒ 유철수
ISBN 979-11-90186-49-0　93320

이 책은 저작권법에 의해 보호받는 저작물이므로 무단전재와 복제를 금합니다. 이 책 내용의 전부 또는 일부를 이용하려면 반드시 저작권자와 두번째테제에 서면 동의를 받아야 합니다.

책값은 뒤표지에 있습니다. 잘못된 책은 바꾸어 드립니다.

이 저서는 2021년 대한민국 교육부와 한국연구재단의 지원을 받아 수행된 연구임(NRF-과제번호)(NRF-2021S1A5B5A17046628).
This work was supported by the Ministry of Education of the Republic of Korea and the National Research Foundation of Korea (NRF-과제번호)(NRF-2021S1A5B5A17046628).

인플레이션은 왜 발생하는가

마르크스주의 관점

유철수 지음

목차

머리말 7

제1장 마르크스의 화폐 이론 23

1) 화폐 필연성 23

2) 화폐의 기원 26

3) 화폐의 본질, 종류, 기능 27

4) 화폐 유통량 결정 방정식 36

5) 국가 발행 지폐의 유통 법칙 38

6) 화폐 재료 가치의 변동으로 인한 상품가격 변동과

   유통수단 양의 변동 38

7) 상품가격·상품량·화폐 유통 속도와 유통수단 양의 관계 40

제2장 마르크스의 화폐수량설 비판 45

1) 마르크스의 화폐수량설 비판 45

제3장 현대 불환지폐에 대한 정의 61

1) 현대 불환지폐 정의 61

제4장 인플레이션 이론 구성 시도 69

1) 마르크스의 물가 변동 분석 69

2) 현대 불환지폐와 물가 등락 72

3) 생산성, 수요 및 공급, 기타 요인과 물가의 등락 74

4) 신용제도와 물가의 등락 77

5) 임금과 물가 84

제5장 현실 인플레이션 분석 시도 89

1) 통계 자료를 이용한 미국 인플레이션 분석 89

제6장 힐퍼딩 화폐 이론 검토 105

1) 힐퍼딩 화폐 이론의 문제점 105

2) 힐퍼딩의 화폐수량설 검토 110

제7장 부르주아 경제학 화폐 이론 및 인플레이션 이론 비판 137

1) 주류 경제학 화폐 이론 비판 137

2) 현대 화폐수량설 비판 141

3) 필립스 곡선은 타당한가 150

4) 주류 경제학의 인플레이션 원인 153

5) 포스트케인지언 화폐 이론과 인플레이션론에 대한 비판 158

6) 현대화폐이론MMT과 인플레이션론 비판 167

제8장 최근의 인플레이션 가속에 대하여 179

1) 미국의 인플레이션 상승 179

2) 한국의 인플레이션 상승 200

맺음말 205

참고문헌 211

머리말

2020년 코로나19 대유행이 한창일 때, 해외 경제신문의 기사를 접하면서 한동안 경제학자들의 관심에서 밀려났던 인플레이션 상승이 머지않아 세계적으로 일어날 수 있다는 생각이 들었다. 그리하여 2021년 3월 초 한국연구재단의 학술연구교수 지원사업에 인플레이션의 원인과 내적 동학을 규명하기 위한 연구 과제를 제출했으며, 이 과제가 선정되어 연구를 본격적으로 시작했고, 그 연구 성과로 이 책을 출판하게 되었다.

최근 4년간 경제와 경제학에서 가장 뜨거운 화두는 단연코 인플레이션이었다. 인플레이션은 물가의 지속적 상승 현상을 가리킨다. 인플레이션이 발생하면 소수의 부유층을 제외하고는 누구나 어려움을 겪기 때문에, 어떤 주제보다도 관심이 높은 편이다. 그런데 경제학자 또는 경제 비평가들이 뉴스에서 인플레이션 현상을 설명하면 왠지 현실과 동떨어진 것 같고 아리송해진다. 그 이유는 아직까지 인플레이션 이론과 현실 분석이 논리적 정합성, 즉 과학성을 갖추지 못한 데 있다. 특히 경제학을 지배하는 부르주아 경제학에 가장 큰 책임이 있는데, 이들은 올바른 개념과 논리 위에서 가치론, 화폐론, 신용론을 정립하지 못하여 비과학적인 인플레이션 이론에 머물러 있다. 대표적으로 밀턴 프리드먼Milton Friedman은 인플레이션이 언제, 어디에서나 화폐적 현상이라고 규정했다. 이렇게 화폐량이 상품 가격을 결정한다는 논리는 데이비드 흄David Hume으로부터 이어지는 화폐수량설의 긴 역사적 전통을 계승하고 있다. 이제 주류 경제학은 화폐량의 증가가 장기적으로 발생할 경우에만 인플레이션이 일어날 수 있다는 입장으로 후퇴했지만, 여전히 화폐수량설은 큰 영향력을 끼치고 있다. 일찍이 마르크스는 15년간의 정치경제학 연구 성과를 담아 1859년에 출판한『정치경제학 비판을 위하여』에서 인류의 난제였던 상품 가치와 가격 그리고 화폐의 수수께끼를 최초로 풀어내며, 화폐수량설이 가진 오류를 철저하게 비판했다. 그리고 가치론과 화폐론에 대한 올바른 학설을 세우면서 세계 지성사에서 혁명을 만들었다. 그 책에서 마르크스는 화폐수량설은 화폐 유통 속도가 주어져 있을 때(또한 화폐가 화폐 상품일 경우 화폐 재료의 가치가 일정하다고 고려할 때), 상품 가격 총액이 화폐 유통량을 결정한다는 사실을 이해하지 못하고 오히려 인과관계를 반대로 해석하여 생겨난 오류라고 명확하게 밝혔다. 그러나 세계의 경제학계와 지성계는 마르크스의 증명을 외면한 채 여전히 그러한 오류에 사로잡혀 왔다. 마르크스주의 경제학계도 그 문제에서 완전히 자유로울 수는 없는데, 마르크스의 연구를 계승하였기에 부르주아 경제학보다 과학적인 가치론, 화폐론, 신용론을 가지고는 있지만, 현대 법정화폐의 본질을 제대로 파악하지 못하고 가치론, 화폐론, 신용론을 바탕으로 과학적 인플레이션 이론을 구성하지 못한 문제를 가지고 있다. 이에 대한 반성으로 필자는 인플레이션 이론과 분석에 과학성을 더하기 위해 연구를 수행했다. 마르크스주의가 발전시켜 온 과학성은 계승하고 오류는 수정하고자 노력했는데, 이 책은 그 결실이다.

이번 연구를 통해 밝혀냈거나 마르크스가 밝힌 것을 확장하고 종합하여 정리한 인플레이션의 원인을 간략하게 살펴보면 다음과 같다. 물가 상승은 생산력 하락에 의한 상품 가치의 상승에서 비롯될 수 있고, 상품 가치가 불변일 때는 초과 수요 또는 공급 부족이 발생하여 일어나는 가치와 가격의 괴리에 기인할 수 있으며, 현대 불환지폐의 경우 화폐 유통량이 유통 영역에서 필요한 양보다 많아서 발생할 수 있으며, 또한 원료와 중간재 등의 수입 비중이 큰 경제에서는 기축통화 대비 자국 통화의 환율 상승으로 발생할 수도 있다. 화폐가 금은 같은 화폐 상품일 경우에는 화폐 재료의 생산성 상승으로 인한 화폐 재료 가치의 하락으로, 가치 증표가 발행될 경우에는 원래 대신하던 금은의 양보다 많아져서 물가 상승이 일어날 수 있다. 그래서 인플레이션을 연구하려면 상품 가치의 본질이 무엇인지를 밝히는 가치론에서 출발하여 상품의 가치를 가격으로 표현하는 화폐의 본질, 기능, 형태를 밝히는 화폐론으로, 그리고 자본주의 생산 및 유통 활동에서 화폐 사용의 효율성을 높이는 상업신용과 은행신용을 다루면서 상업신용의 본질과 특징을 밝히고, 주기적인 물가 등락과 밀접한 관계가 있는 은행신용의 본질과 특징을 이해할 수 있게 하는 신용론으로 나아가야 한다. 마르크스는 아리스토텔레스부터 제임스 스튜어트 James Steuart, 애덤 스미스 Adam Smith, 데이비드 리카도 David Ricardo 등 그리스·이탈리아·프랑스·독일·스페인·영국 등에서 활동했던 고대부터 당대를 아우르는 수많은 학자와 저자 들이 펴낸 경제학 관련 저술을 비판적으로 검토했다. 또한 당시의 자본주의 경제 발달 상태와 제도 환경을 반영하는 수많은 자료를 면밀히 검토했다. 그런 연구에 근거하여 『정치경제학 비판을 위하여』와 『자본론』에서 가치론·화폐론·신용론을 정립했다. 가치론과 화폐론은 마르크스가 두 책에서 완전하게 정리한 글로 출판했다. 신용론은 마르크스 사후 엥겔스가 출판한 『자본론』 3권에 대부분 포함되어 있는데, 완전하게 정리된 글로 서술되어 있지는 않지만 이론으로서 자격을 갖추었다고 평가할 만한 내용을 충분히 담고 있다고 생각한다. 마르크스가 가치의 본질, 화폐의 본질과 기능과 형태, 자본주의 화폐 및 신용 제도의 본질을 옳게 밝혔지만, 그 연구 내용을 오늘날의 인플레이션 또는 디플레이션(물가 하락)의 분석에 바로 적용하기는 어렵다. 마르크스가 상품 가치와 상품 가격의 변동에 대해서, 화폐 재료 가치의 변동과 상품 가격 변동의 관계에 대해서, 귀금속 화폐와 가치 증표 간 비율 관계 변화와 상품 가격 변동에 대해서, 화폐 유통량 결정 법칙과 귀금속의 가치 증표로서 국가 발행 지폐의 유통 법칙에 대해서 옳게 분석하여 정리했지만, 당시는 본위 화폐가 금과 은이었고, 현재 대부분 자본주의 국가의 화폐는 법정불환지폐이기 때문이다. 또한 마르크스가 자본주의 화폐 및 신용 제도에 대해 그리고 이러한 제도와 자본주의 생산 및 유통의 관계에 대해 깊이 있게 연구했고, 물가의 주기적 등락은 신용제도와 관련지어 연구해야 한다고 언명했지만, 물가의 주기적 등락과 신용제도를 관련지어 분석하는 연구를 직접 수행하지는 않았기 때문이다. 그래서 마르크스가 이룬 가치론, 화폐론, 신용론의 연구 성과를 확장하여 현대 법정불환지폐의 본질을 밝히고, 신용제도와 인플레이션 또는 물가 변동의 관계를 밝히는 작업이 일차적 과제로 주어진다. 이 과제를 해결해야 인플레이션 이론을 구성할 수 있고, 그런 다음에 현실 통계를 이용한 경험적 분석으로 나아갈 수 있다. 이 작업을 위해 필자는 먼저 『정치경제학 비판을 위하여』와 『자본론』에 들어 있는 마르크스의 가치론, 화폐론, 신용론과 마르크스가 수행한 고전 정치경제학자들의 가치론, 화폐론 및 화폐수량설에 대한 비판 내용을 정리했다. 그런 다음 이를 바탕으로 현대 불환지폐에 대한 본질을 밝히고 신용제도와 주기적 물가 등락의 관계를 분석하여 인플레이션 이론 구성을 시도했다. 이러한 인플레이션 이론을 토대로 마르크스 이후 대표적 마르크스주의 학자들의 화폐론과 인플레이션 논의, 포스트케인지언과 현대화폐이론MMT을 포함하는 현대 부르주아 경제학의 화폐론, 화폐수량설, 인플레이션론을 비판적으로 검토했다. 또한 1958년 이후 미국의 통계 자료를 이용하여 미국 물가 변동에 대한 경험적 분석을 시도했다. 최근 일어난 인플레이션 상승에 대해서는 통계 자료를 이용하여 미국과 한국의 경우를 살펴보면서, 주류 경제학자들의 분석을 비판적으로 검토했다.

제1장에서는 마르크스의 화폐 이론을 다룬다. 이 장에는 글래드스톤Gladstone이 "사랑도 화폐의 본질에 대한 고민의 경우보다 더 많은 사람을 바보로 만들지 못했다"(Marx, 2010a: 303; 마르크스, 1988: 53)라고까지 표현한 인류의 난제였던 화폐 수수께끼를 마르크스가 풀이한 해답이 담겨 있다. 여기에는 고전 정치경제학의 잘못된 화폐 본질에 대한 정의와 종류와 기능에 대한 개념을 비판하면서 올바르게 정립한 마르크스의 화폐론이 정리되어 있다. 이러한 마르크스의 화폐론은 화폐를 올바르게 이해하는 힘뿐만 아니라 현대 법정화폐의 본질을 밝힐 수 있는 기반을 제공한다. 이 장에서는 특히 화폐량과 가격의 관계를 거꾸로 해석한 오류를 지닌 화폐수량설에 토대를 둔 교환 방정식의 해결책이 되는 마르크스의 화폐 유통 법칙과 화폐 유통량 결정 방정식을 볼 수 있다. 여기서 가치 이론을 직접적으로 다루는 것은 상품 가치의 정의에 대해서이다. 인플레이션을 다루려면 가치론의 내용을 자세히 다루기보다는 가치론에 대한 이해를 바탕으로 인플레이션론 논의에 필요한 화폐론과 신

용론의 내용을 본격적으로 논의하고 설명해야 하기 때문이다. 그리하여 가치론을 토대로 화폐론과 신용론이 전개되고, 이를 기반으로 인플레이션론이 전개되며, 가치와 가격 변동의 분석, 나아가 통계를 이용한 경험적 분석이 이루어질 수 있다. 화폐 필연성이 제1절로 맨 먼저 나오는데, 이 내용은 인플레이션 논의와 크게 관계가 없기에 원래 넣지 않으려고 했다. 그러나 그것은 화폐와 관련된 중요한 주제 중 하나이면서 마르크스주의 학계에서도 어느 정도 논쟁이 있었던 주제이고, 마르크스주의 경제학자 루돌프 힐퍼딩Rudolf Hilferding이나 주류 경제학에서는 화폐 필연성을 잘못 주장하고 있어서 마르크스가 논의한 내용을 제시할 필요가 있겠다고 생각하여 고민 끝에 넣게 되었다. 이 부분은 개념이 익숙하지 않은 독자에게는 어려울 수 있기에 맨 마지막에 읽어도 되고 시간을 두고 천천히 이해해도 문제가 되지 않는다.

제2장은 마르크스가 자신이 정립한 가치론과 화폐론으로 『정치경제학 비판을 위하여』에서 대표적인 고전 정치경제학자와 화폐수량설 논자의 잘못된 가치론과 화폐론을 비판하는 내용을 정리한 것이다. 따라서 이 장은 마르크스가 비판적으로 연구하여 서술한 화폐 학설사의 요약이라고 할 수도 있다. 원래 마르크스의 비판 내용은 이해하기에

상당한 어려움이 따르는데, 조금 더 이해하기 쉽게 정리했다. 여기서 마르크스는 단순한 비판을 넘어선 균형 잡힌 비판으로 선행 연구자들의 긍정적인 측면은 자신의 이론에서 계승·발전시키고 오류는 수정하는, 학문에 과학성을 부여하는 자세를 보여준다. 이 장에서 화폐수량설이 가진 오류를 체계적으로 알 수 있고, 특히 화폐수량설에서 가장 큰 영향을 끼친 흄과 리카도의 결함을 잘 파악할 수 있다.

제3장은 1장과 2장에서 파악한 마르크스의 화폐론과 그가 수행한 화폐수량설 비판을 기반으로 삼고, 현대 마르크스주의 학자들의 논의를 비판적으로 검토하여, 현대 불환지폐의 본질을 밝히고 정의한다. 마르크스주의 학자에 대한 비판적 검토는 던컨 폴리Duncan Foley, 쉬잔느 드 브뤼노프Suzanne de Brunhoff, 코스타스 라파비챠스Costas Lapavitsas, 굴리엘모 카르케디Guglielmo Carchedi, 카르케디와 로버츠, 클라우스 저머Claus Germer가 포함된다.

제4장에서는 마르크스주의 인플레이션 이론의 구성을 시도한다. 먼저 『자본론』에 서술된 마르크스의 물가 변동 설명을 정리한다. 그리고 마르크스의 이론에 입각하여 현대 불환지폐와 물가 등락의 관계, 생산성, 수요 및 공급, 그 외 요인과 물가 등락의 관계에 대해 분석한다. 그런 후 신용 제

도가 물가의 등락에 어떻게 작용을 하는지에 대해 마르크스의 연구와 논리를 확장하여 분석하며, 임금과 물가의 관계도 밝힌다. 여기서 임금은 그 본질상 물가 상승 후에 상승한다는 것을 증명하며, 임금 상승이 물가 상승의 원인이라는 주장의 비논리성을 논박한다. 또한 생산과정이 자연력의 영향을 받는 농·임·수산물의 경우 그런 영향으로 생산량이 감소했을 때 왜 생산성의 하락으로 간주되어 생산물의 가치가 상승하는지에 대해 마르크스의 가치론에 근거하여 설명한다. 이는 지구 온난화에서 지구 열대화로 이름이 바뀔 정도로 기후 위기가 심화되고 있는 상황에서 일어나는 농·임·수산물의 생산 부족이 왜 물가 상승으로 이어지는지를 과학적으로 이해할 수 있게 해 준다.

제5장에서는 미국 경제의 통계 자료를 이용해서 필자가 구성한 인플레이션 이론을 적용하여 1958~2023년 동안 일어난 물가 변동에 대해 분석한다. 여기서는 카르케디와 로버츠(Carchedi & Roberts, 2022)의 최근 연구에 대해 비판적으로 검토하는데, 그들의 분석 틀이 불균등한 물가의 등락을 배제하거나 은행신용을 포함하는 광의 통화(M2)의 양을 통화량 변화의 지표로 사용하여 신용의 팽창과 수축도 통화량 변화에 포함시킴으로써, 신용의 팽창과 수축에 의한 물

가 등락을 통화량 변화에 의한 물가 등락에 포함하는 한계를 가진다는 것을 지적한다. 그리고 경험적 통계를 가지고 인플레이션을 분석할 때 유의할 점을 제시하며, 이론과 현실 분석에 존재하는 간극을 메우고자 했다. 통계 자료를 이용한 현실 분석을 통해 생산성이 향상되어도 유가 상승, 원자재 수입가 상승, 신용제도를 이용한 투자의 증가가 생산성 이득을 압도하여 생산자 물가가 상승할 수 있음을 밝혔다. 또한 생산자 물가가 하락하여도 신용제도를 이용한 소비 지출의 증가로 소비자물가는 만성적인 인플레이션 상승 또는 인플레이션 둔화disinflation[1]를 겪을 수 있음을 밝혔다.

제6장에서는 힐퍼딩의 화폐 이론을 비판적으로 검토한다. 힐퍼딩에 대한 검토를 단독 장으로 구성한 이유는 그의 화폐론의 본질은 화폐수량설의 공통적인 오류를 가진 리카도의 화폐수량설인데, 그것이 마르크스주의 학계에 큰 영향을 끼쳐 왔기에 자세하게 비판해야 할 필요성이 있어서이다. 여기서 화폐론 및 인플레이션과 관련된 그의 주장을

---

[1] 어떤 경제 주간지와 어떤 경제학자는 디스인플레이션disinflation을 디플레이션deflation, 즉 물가 하락이란 뜻으로 사용하고 있는데, 이는 잘못이다. 디스인플레이션은 인플레이션 둔화 또는 감속이라는 의미이다. 다시 말해 인플레이션의 속도가 느려졌다는 뜻으로 물가가 상대적으로 낮은 폭으로 상승한다는 의미이다. 이와 다르게 디플레이션은 물가 하락을 뜻한다. 여기서는 디스인플레이션의 번역어로 '인플레이션 둔화' 또는 '인플레이션 감속'을 사용한다.

하나씩 살펴보며 오류를 밝히고, 논박한다.

　제7장에서는 부르주아 경제학의 화폐 이론과 인플레이션 이론을 비판적으로 검토한다. 포스트케인지언 학파와 현대화폐이론MMT도 부르주아 경제학에 포함되는데, 그 이론들이 주류 경제학과 경쟁하고 대립을 보이기도 하지만, 기본적으로 자본주의 사회 경제 체제를 옹호하는 논리를 가지고서 이론 체계를 구성하고 있다는 점에서 주류 경제학과 같기 때문이다. 화폐에 대한 정의, 기능, 형태에 대한 설명과 인플레이션론을 살펴보면서 여러 학파가 지목하는 원인에 초점을 맞춰서 오류를 분석한다. 또한 필립스 곡선의 타당성에 대해 검증한다. 그것에 대해 마르크스주의 이론의 관점에서도 논박하고, 최근 IMF 소속 부르주아 경제학자들이 1960년대 이후 31개 선진국 통계를 분석하여 제시한 연구 결과를 소개하며, 부르주아 경제학자들의 경험적 연구에 의해서도 부정되고 있음을 보여준다. 알바레즈 등(Alvarez et all, 2022)은 명목임금의 빠른 상승이 인플레이션의 원인이라기보다 인플레이션의 결과로써, 인플레이션에 의해 크게 하락한 실질임금을 만회하기 위해 일어났다고 보여준다. 그리고 현대 화폐수량설에 대해서도 비판적으로 검토하는데, 19세기에 화폐수량설을 대수 방정식으로 정리한 학자

로부터 프리드먼까지 다룬다.

제8장은 최근의 인플레이션 가속에 대해 다룬다. 먼저 미국 인플레이션 가속에 대한 주류 경제학자와 마르크스주의 경제학자의 연구를 비판적으로 검토한다. 여기에 통계 자료를 근거로 보충하여 마르크스주의 관점에서 대안적 설명을 제시한다. 한국의 인플레이션 가속에 대해서도 주류 경제학자의 연구를 비판적으로 검토하고, 통계 자료를 바탕으로 마르크스주의 관점에서 보완하여 대안적 설명을 제시한다.

이 과제의 연구를 수행하는 동안 마르크스가 『정치경제학 비판을 위하여』 「서문」에서 "학문의 입구에서는 지옥의 입구에서처럼 반드시"(Marx, 2010a: 265; 마르크스, 1988: 9) 요구된다며, 단테의 『신곡』의 다음 시구를 인용하여 강조했던 뜻을 가슴에 새기고 늘 떠올렸다.

> 여기서는 모든 의혹을 버려야 하고
> 모든 소심함을 버려야 마땅하리라
>
> (단테, 2007: 21)

이론과 주장의 시비를 가려서 진리에 도달하기 위해서

는 용기를 가지고서 세상을 지배하는 모순적인 이론과 논리와 오류를 철저하게 비판하고, 회의론을 떨쳐내고 진리를 구할 수 있다는 확신과 도저한 헌신으로 전진해야 한다는 게 마르크스의 인용 의도였다고 생각한다. 연구가 난관에 부딪힐 때마다 생각이 헷갈리고 명료하지 않을 때마다 이 구절을 되뇌었다.

이 연구와 책의 집필을 마무리하는 데 여러 사람의 도움을 받았다. 카르케디 선생님께서 2017년 출판된 『다른 유럽을 향해서』의 번역에 고마움을 표하면서 연구에 보태 쓰라고 지원금을 보내주셨는데, 큰 도움이 되었다. 2020년 12월 작은형(유갑수)이 뇌출혈로 갑자기 세상을 떠났는데, 형이 남긴 연금이 연구를 수행하는 데 큰 도움이 되었다. 형의 죽음은 한국 의료 체계의 취약성을 보여주는 안타깝고 슬픈 일이었다. 소도시의 병원 앞에서 뇌출혈로 쓰러졌지만 30분 거리의 상급 종합병원은 수술할 여건이 되지 못해 2시간 정도 이동하여 도착한 병원에서 겨우 수술을 했지만, 생명을 구하기에는 수술이 너무 늦었기 때문이다. 그리고 대안교육 운동을 하고 있는 김동규 형, 대학원 시절 연구실을 함께 쓰며 공부했던 이진 씨, 노동자의 책 대표 이진영 형, 민주노총 경기도본부 노안국장 한창수 동지가 빌려준 연구비도 책을 마무리하는 데 큰 도움이 되었다. 마지막으로 바쁘신 와중에도 원고를 읽어 보시고 의미 있는 조언과 함께 추천사를 써 주신 류동민, 이정구, 정성진 선생님께 감사의 말씀을 드린다. 좀 더 가독성 있는 문장이 될 수 있도록 도움말을 준 강인수 누나에게도 고마움을 전한다. 이 책이 세상에 나올 수 있게 많이 애쓰신 장원 편집장에게 감사의 말씀을 올린다.

1. 마르크스의 화폐 이론

1) 화폐 필연성

마르크스는 『정치경제학 비판을 위하여』와 『자본론』에서 화폐의 필연성을 논증하는데, 상품이 가진 이중적 성질인 사용가치와 가치(교환가치)의 통일과 대립에서 이를 찾는다. 생산물은 교환을 통해서 상품이 되고, 상품은 사용가치와 가치를 가지는데, 상품은 이 둘의 직접적인 통일이다(마르크스, 1988: 28; Marx, 2010a: 282). 그러나 상품 간 실제 관계는 교환과정으로 존재하며, 이 교환과정에서 상품의 사용가치와 가치는 대립하며 분리된다(마르크스, 1988: 28-29; Marx, 2010a: 282-283). 상품의 소유자에게 자신의 상품은 비사용가치이면서 교환가치가 되고, 타인의 상품은 사용가치가 된다(마르크스, 1988: 29; Marx, 2010a: 283). 따라서 타인에게 사용가치로서 그리고 서로 동일한 크기의 교환가치로서 만날 경우에 상품은 교환된다. 그러나 상품은 스스로 가치를 표현할 수 없고, 교환에서 마주하는 다른 상품을 통해서 가치를 표현할 수 있기에,[1] 상대방 상품을 등가물로 삼으면서 같은 크기의 교환가치로서 교환되고, 그리하여 상품 소유자에게 필요한 사용가치를 가진 상품과 교환하는 교환수단이 된다. 따라서 이미 가치의 측면에서 상품은 일반적 등가물로서, 교환수단[2]으로서 기능을 내포하고 있다. 상품의 종류가 다양해지고 상품 교환이 규칙화되고 확대되고 발전됨과 동시에 상품 간 가치 관계의 성립과 적용 범위가 확대되면서, 다양한 모든 상품의 가치를 측정하고 표현해 주면서 일반적 교환수단(교환가치의 소지자)이 되는 하나의 동일한 제3의 상품이 필요하게 되는데, 교환과정에서 자연스레 어떤 상품이 그런 역할을 하면서 일반적 등가물이 된다(마르크스, 2008: 154). 그리하여 상품 자체에 내재된 모순, 즉 특수한 사용가치이면서 동시에 일반적 등가물이 되는, 그리하여 모두

---

1 청바지 1벌=청바지 1벌이라는 표현은 청바지 1벌의 가치를 표현하지 못한다. 청바지 1벌=운동화 1켤레라는 표현은 청바지 1벌의 가치를 운동화 1켤레로 표현하고 있다.

2 마르크스주의 학계에서는 교환수단과 유통수단을 대체로 같은 의미로 사용하는데, 마르크스에게 교환과 유통은 범주가 다르다. 상품 유통은 여러 상품 교환이 얽히고설켜서 이루어진 과정이다. 따라서 교환수단과 유통수단도 교환과 유통만큼의 범주의 차이가 있다고 할 수 있다.

를 위한 사용가치, 일반적 사용가치[3]가 되는 모순은 그 하나의 상품으로 해결된다(마르크스, 1988: 36; Marx, 2010a: 288).[4] 이 상품이 지속적으로 배타적으로 일반적 등가물로 고정되면 화폐가 된다. 그리하여 화폐는 상품 가치의 대표물이 되고 교환수단으로서 일반적 사용가치를 가지게 된다. 따라서 상품의 가치가 외화하여 독립된 존재 형태를 취하는 것이 화폐이며, 상품들의 교환과정에서 자생적으로 형성된 것이다. 이러한 화폐의 형성 과정에서 일반적 등가물이 등장하는 과정은 수많은 다양한 상품이 전체로서 관계를 가지면서 모든 개별 상품을 생산하는 데 소비된 모든 개별 생산자의 특수한 노동시간이 일반적 노동시간으로 전환되는 과정이기도 하다. 그리하여 화폐는 일반적 노동시간의 직접적 화신이기도 하다.

---

[3] 모든 상품과 교환할 수 있는 능력을 가진 일반적 교환수단으로서 사용가치를 말하는데, 『자본론』에서는 이를 '형태적 사용가치'라고 한다. 라파비챠스(2020: 107)는 이 '형태적 사용가치'를 화폐성의 기초라고 하는데, 마르크스가 언급하는 화폐성을 맥락상 살펴보면 화폐는 상품들의 교환가치의 결정물結晶物이므로, 상품의 교환가치로서 성질이 오히려 그 기초라고 할 수 있다.

[4] 이 문장은 마르크스가 『정치경제학 비판을 위하여』에서 화폐 필연성을 밝힌 가장 핵심적인 것이다. 그러나 이 책에 있는 화폐 필연성의 내용을 라파비챠스(2020: 105)는 "직접 교환에서 양측(사용가치와 교환가치_인용자)은 지속적으로 서로 모순적인 관계이며 교환의 중단으로 이어진다. 이 모순이 해결⋯되기 위해서는 화폐가 등장해야 한다"라고 정리하는데, 이는 마르크스의 핵심을 놓치는 것이다.

2) 화폐의 기원

마르크스는 화폐론을 전개하기에 앞서 상품 가치가 무엇인지 밝힌다. 상이한 구체적 요소를 제거하며 공통점을 찾는 논리 과정인 추상abstraction을 통해 **상품 가치의 실체**는 인간의 **추상노동**[5]이며, **상품 가치의 크기**는 그 상품을 생산하는 데 들어간 **사회적 필요노동시간**[6]이라고 정의한다. 그런 후 당시 화폐였던 금이 어떻게 화폐가 되었는지 논리적 또는 역사적으로 분석하면서 화폐의 기원을 밝힌다. 상품 세계의 모든 상품이 지닌 일정량의 가치가 하나의 특수한 상품의 일정량으로 표현되는 '일반적 가치형태'의 일반적 등가물이 귀금속인 금으로 대체되면서 상품의 가치형태는 화폐 형태가 되고, 상품의 상대적 가치는 가격 형태로 표

---

[5] 옷, 철강, 컴퓨터 등 상품의 유용성, 즉 사용가치를 창조하는 노동을 구체노동이라 하고, 동등한 인간노동으로 간주되어 가치(교환가치)를 형성하는 노동을 추상노동이라고 한다. 옷, 철강, 컴퓨터를 만들 때 수행하는 노동의 구체적 형태도 다르고, 상이한 사용가치를 창조하지만, 추상노동으로서 동일한 양을 포함하고 있는 상이한 종류의 상품들은 같은 크기의 가치로 간주되고, 서로 교환될 수 있다. 이렇게 노동의 구체적 형태를 추상하고 인간의 일반적 노동으로서 동질적인 노동으로 취급하는 노동을 추상노동이라고 한다. 구체노동이 추상노동으로 환원될 때 높은 강도의 노동은 낮은 강도 노동의 배수로, 복잡(또는 숙련) 노동은 단순(또는 비숙련) 노동의 배수로 간주된다.

[6] 정상적인 사회적 생산 조건(사회 평균적인 생산 기술 조건)에서 평균적인 숙련과 노동강도를 가지고 어떤 상품의 생산에 지출되는 노동시간을 의미한다.

현된다고 하며, "화폐 형태의 맹아는 단순한 상품 형태"(마르크스, 2008: 132), 즉 '단순한, 개별적인 또는 우연한 가치형태'의 '등가형태'임을 논증한다. 따라서 화폐는 노동 생산물로서 상품의 상대적 가치를 표현하는 등가형태에서 발전한 것이며, 이 등가형태는 상대적 가치 형태의 상품에 들어 있는 노동량과 같은 노동량을 포함하기에 그러한 자격을 가지게 되었다는 것을 증명함으로써 **화폐는 노동 생산물에 기원을 두고 있음**을 보여준다.

3) 화폐의 본질, 종류, 기능

마르크스는 금을 화폐 상품으로서 분석하면서 화폐의 본질, 종류와 성질, 기능을 설명한다. 화폐의 첫 번째 기능은 **가치척도** 기능이다. 금이 화폐가 된 것은 "금이 상품 세계에 가치 표현의 재료를 제공"함으로써 또는 "상품들의 가치를 동일한 명칭을 가진 크기, 즉 질적으로 동일하고 양적으로 비교 가능한 크기로서 표현"함으로써 "가치의 일반적 척도로서 기능"하기 때문이다(마르크스, 2008: 160; 2019: 144). 그러나 상품이 서로 양적으로 비교될 수 있는 것은 화폐 때문이 아니라 상품에 인간 노동이 들어 있기 때문이다. 그래서 가치척도로서 화폐는 내재적인 가치척도인 노동시간의 현상 형태인 것이다(마르크스, 2008: 159).

마르크스는 여러 학자가 혼동했던 기능인 가치척도와 **가격의 도량기준**[7]에 대해 설명한다. 이 두 가지는 완전히 다른 기능으로 "인간 노동의 사회적 화신으로서는 가치척도이고, 금속의 고정된 중량으로서는 가격의 도량기준"(Marx, 2010b p. 107)이라고 한다. 그리하여 가치척도로서 화폐는 다양한 상품의 가치를 가격으로, 즉 상상의 금의 양으로 전환시키는 기능을 하며 가격의 도량기준으로서 화폐는 그러한 금의 양을 금의 단위량으로 측정하는 기능을 한다(마르크스, 2008: 164). 화폐의 도량기준은 관습적으로 형성되지만, 법률로서 규정됨으로써 보편 타당성을 획득한다. 그리하여 "가격 또는 상품의 가치가 관념적으로 전환된 금의 양은 이제 화폐 명칭 또는 계산 목적으로 만들어진 법률적으로 타당하고 세분된 금의 도량기준의 명칭으로 표현된다"(Marx, 1981: 193). 즉, 1쿼터 밀의 가치를 1온스(가치척도로서 표현)의 금이 아니라 2파운드스털링 17실링 1/2펜스(가격의 도량기준으로서 표현)라고 표현한다. 이렇게 상품의 가치를 화폐의 법정 명칭(법정 가격 도량기준)을 사용하여 화폐 형태로, 즉

---

7 가격척도로 번역되기도 한다. 금속의 무게 단위와 구별되는 화폐의 표준단위를 의미한다.

가격으로 표현할 때 화폐는 **계산화폐**로서 기능한다. 여기서 마르크스는 가격에 대한 중요한 정의를 내리는데, 이는 다음과 같다. "가격은 상품에 물화vergegenständlichten; objectified[8]된 노동의 화폐 명칭이다"(마르크스, 2008: 168; Marx, 1962: 116). 그리고 가격은 상품과 화폐의 교환 비율을 나타내는 지수이지만 이것이 반드시 상품의 가치 크기를 나타내는 지수가 되는 것은 아니다. 다시 말해 가격 형태에는 "가격과 가치가 불일치하거나 가치 크기로부터 가격이 괴리될 가능성이… 존재한다"(마르크스, 2008: 169-170). 가격이 가치로부터 괴리하여 상승하면 인플레이션이 발생할 수 있다.

화폐는 상품 유통의 매개물로서 **유통수단**의 기능을 가진다. 상품 유통은 모든 상품의 탈바꿈[9]의 순환, 즉 '상품(C)-화폐(M)-상품(C)'로 이루어지기에 물물교환, 즉 '생산물-생산물'과 형식 및 내용이 다르다. 상품 유통 과정은 사용가치가 손을 바꾸자마자 사라지지 않으며, 화폐는 상품의 탈바꿈이 일어나자마자 사라지지 않고 제3자의 손에 넘어가서 다시 상품 탈바꿈에 사용된다. 그리하여 화폐는 상품 유통

---

8 사물로 변한다는 뜻의 물화이다. 강신준(마르크스, 2008)과 김수행(마르크스, 2015a)은 '대상화'로 번역하고, 황선길(마르크스, 2019)은 '물질화'로 번역한다. MECW(Marx, 2010b)는 realized(실현된)으로 번역한다.

9 상품 탈바꿈은 판매(C-M)와 구매(M-C)의 두 단계(국면)로 이루어진다.

의 매개물이 된다. 상품 유통을 통해 화폐는 "끊임없이 출발점에서 멀어져 가는 과정", 즉 한 상품의 소유자에게서 다른 상품의 소유자에게로 흘러가는 과정의 운동을 하게 되는데, 이것이 화폐의 유통이다(같은 책: 185). 이러한 화폐 유통의 측면에서 화폐는 상품 구매자에게서 상품의 가격을 실현하는 **구매수단**으로서 기능하면서, 상품은 구매자의 수중으로, 화폐는 판매자의 수중으로 넘겨지는 일면적인 모습이 부각된다(같은 책: 186). "그리하여 상품 유통의 결과, 즉 한 상품의 다른 상품에 의한 대체는 상품 자신의 탈바꿈에 따라 매개되는 것이 아니라 유통수단으로서 화폐 기능에 따라 매개되는 것처럼 보인다"(같은 책: 186). 그러나 화폐가 유통수단 기능을 가지게 된 것은 상품의 자립화된 가치이기 때문이며, 따라서 "유통수단으로서 화폐 운동은 사실상 상품 자신의 탈바꿈 운동이다"(같은 책: 187). 그런 이유로 상품 유통에 필요한 유통수단으로서 화폐량은 상품가격 총액과 상품 유통의 속도에 영향을 받는 화폐 유통 속도에 의해 결정된다. 그래서 마르크스는 "유통수단의 양이 유통되는 상품의 가격총액과 화폐 유통의 평균 속도에 따라 정해진다는 법칙"(같은 책: 194; 191)을 정리한다. 그리하여 유통수단의 양이 가격의 변동, 상품의 유통량, 화폐 유통 속도의 변동 조합에 따라 변화한다는 것을 설명한다. 화폐 유통량 결정 방정식은 이 책 제4절에서, 상품가격, 상품량, 화폐 유통속도와 유통수단 양의 관계는 제7절에서 설명한다.

화폐는 유통수단으로서 기능을 통해 **주화**coin의 형태를 가진다. 그리고 주화는 유통을 통해 **가치의 상징**symbol 또는 **가치 증표**token로서 성질을 가지게 되는데 마르크스는 그 이유를 설명한다. 상상으로써 상품의 가격 또는 화폐 명칭으로 표현된 금의 무게는 같은 명칭의 주화로서 유통에서 상품과 대면해야 한다(Marx, 1976: 221-222). 유통 과정에서 주화는 마모되기에 실제 함량과 명목적 함량의 차이가 발생하면서 주화의 실제 함량에서 명목적 함량, 즉 화폐 명칭이 분리되고, 주화는 공식적인 금속 함량의 상징으로 전환되며 주화의 기능적 존재에서 금속적 존재가 분리된다(같은 책: 221-222).[10] 그리하여 금속 화폐의 주화로서 기능은 금속 화

---

10 라파비챠스(2020: 109-110)는 『정치경제학 비판을 위하여』의 내용을 다루면서 강제통용화폐, 즉 가치 증표로서 지폐 형태의 법화가 출현한 이유를 "가치척도로서 상품화폐의 기능과 교환수단으로서 기능 사이의 긴장"이라고 주장하는데, 이는 마르크스의 분석과는 거리가 멀다. 마르크스는 『자본론』에서 분석하고 요약한 것과 마찬가지로 『정치경제학 비판을 위하여』에서도 유통 과정에서 발생한 주화의 마모로 인해 주화의 실제 함량에서 명목 함량이 분리되어 주화가 공식적인 금속 함량의 상징으로 전환되는 것을 그 이유로 밝히고 있다. 그리고 마르크스는 금괴 및 은괴 형태의 화폐 상품과 계산화폐의 도량기준에 따라 주조된 주화 형태의 화폐를 엄격히 구분하는데, 가치 증표로서 강제통용화폐 출현과 관련된 화폐 형태는 주화이다.

1. 마르크스의 화폐 이론

폐의 무게와 전적으로 무관하게 되는데, 즉 그 기능은 모든 가치와 무관하게 된다. 주화로서 금은 그 가치 실체에서 완전히 분리된다. 그리하여 지폐 같은 상대적으로 가치 없는 물건이 금 대신 주화로서 기능을 수행하게 된다. 즉, 종이가 금의 가치 증표로서 주화의 기능을 수행하는 것이다.

그리고 마르크스는 금이 왜 가치 없는 자신의 상징에 의해 대체되는지 부연한다. 유통 영역에서 상품 탈바꿈의 지속을 위해 필요로 하는 금은 유통수단으로서 기능하며 이는 상품 탈바꿈이 일어날 때만 일시적으로 교환가치의 독립체로서 표현되기에, 화폐는 상징적 존재로 존재하기만 하면 된다. 그래서 금화는 가치 없는 상징인 지폐로 대체된다. 물론 지폐는 국가가 발행하는 강제 통용성을 지닌 불환지폐여야 한다(같은 책: 225-227).

따라서 마르크스는 "국가가 발행하고 강제 통용성이 부여된 불환지폐"는 "금속 화폐의 유통에서 직접 생겨났다"라며, 강제통용 불환지폐의 기원을 밝힌다(같은 책: 224). 이에 더해 마르크스는 국가가 발행하고, 강제 통용성이 부여된 불환지폐를 "진짜 지폐true paper money"(같은 책: 224)라고 하는데, 당시 신용화폐로서 발행된 은행 어음인 은행권bank note과 대비한 표현이라 할 수 있다. 강제통용 불환지폐는 현대 국가에서 발행하는 지폐라고 할 수 있는데, 차이가 있다면 마르크스 시대에는 지폐가 금의 가치 증표(가치 상징)였지만, 오늘날 주요 경제국의 강제통용 불환지폐는 금의 가치 증표가 아니라 '노동시간의 가치 증표'라고 할 수 있다. 자세한 설명은 제3장에서 하겠다.

그리하여 마르크스는 화폐를 다시 정의하는데, "가치척도로 기능하고, 따라서 자신의 몸으로 또는 대리물을 통해 유통수단으로 기능하는 상품이 화폐이다"(같은 책: 227). 라고 한다.

화폐는 어떤 상품과도 직접 교환될 수 있기에, 즉 모든 상품을 구매할 수 있는 힘을 가지고 있기에, 그리하여 물질적 부의 보편적 대표물이기에 **화폐 축장**hoarding이 발생한다. 마르크스는 이때 주화와 화폐를 구별하여 설명하는데, 상품 유통에서 상품의 탈바꿈을 매개하는 유통수단으로서 화폐는 주화이지만, 상품 탈바꿈의 중단으로 유통에서 빠져나오면 주화에서 화폐로 전환된다고 한다. 이때 화폐는 "추상적 사회적 부의 화신"(Marx, 2010a: 371), "사회적 가치의 화신"(Marx, 1976: 227)으로서 "물질적 부의 보편적 대표물"(같은 책: 229)을 의미한다. 이러한 축장은 화폐 유통량을 조절해 주는 수로 역할을 한다. 상품 유통의 규모 및 속도의 변동과 상품가격의 변동으로 화폐 유통량도 이에 맞게 변동할 수 있어야 하는데, 이때 "축장이 창조한 저수지는 화폐가 유통에 유입되고, 유출되는 수로로 기능하며, 그렇기에 화폐 유통 자체는 결코 둑을 범람하지 않는다"(같은 책: 232).

상품의 매매에서 상품의 양도와 상품가격의 실현, 즉 화폐의 지불이 시간적으로 분리될 때 판매자는 채권자가 되고 구매자는 채무자가 되는데, 이때 화폐는 **지불수단**으로서 기능한다. 이러한 거래에서는 "상품이 화폐와 교환되어 판매되지 않고", 민법상 화폐 청구권인 "지불 약속 증서와 교환되어 판매된다"(Marx, 1981: 397). 이후 상품은 구매자(예: 상인)에 의해 판매되어 만기일에 판매자(예: 생산자)에게 상품 대금을 지불함으로써 상품의 가격이 실현된다. 판매 목적으로 상품을 생산하는 자본주의에서는 화폐가 대체로 지불수단으로서 기능하며, 상업에서 사용되는 "모든 지불 약속 증서는 환어음의 일반적 범주에 포함"되는데, 이러한 "환어음이 만기일까지 지불수단으로 유통되고 실제의 상업화폐를 형성한다"(같은 책: 397). 그리하여 "재생산 과정에 종사하는 자본가들이 상호 간에 제공하는" 상업신용인 "환어음은 엄밀한 의미의 **신용화폐**(인용자가 강조함)의 기초, 즉 은행권 등의 기초를 형성한다"(같은 책: 478). 따라서 신용화폐는 "화폐 유통에 기초해 있는 게 아니라 환어음의 유통에 기초해 있다"(Marx, 2010c: 398). 그리하여 마르크스는 "신용화폐는 지불수단으로서 화폐 기능에서 직접 생겨나"며, "신용으로 구매한 상품의 채무증서가 그 채무를 다른 사람에게 이전시키려는 목적으로 유통된다"(Marx, 2010b: 149-150)라고 한다. 당시 신용화폐는 환어음, 수표, 은행권 등을 가리킨다. 마르크스는 이를 지불수단으로서 화폐가 취하는 독특한 존재 형태라고 한다.

신용화폐 중에 중요한 것이 은행권인데, 리카도 등은 이를 주화와 같은 유통수단으로 착각했다. 마르크스는 이를 "은행가를 지급인으로 한 어음에 불과한데, 은행가가 개인 어음을 대신해서 발행하고 그 소유자에게 지불해야 하는 것"(Marx, 2015: 506)이라고 정확하게 규정한다. 은행권이 두드러지고 중요해 보이는 이유는 첫째 "상업 유통에서 생겨나서 일반 유통으로 들어와 화폐로 기능하기 때문"이고, "대부분의 나라에서 은행권을 발행하는 주요 은행들이 국립은행과 민간은행의 혼합 형태로 되어 있고, 이런 은행들은 국가의 신용이 받쳐주고 있으며, 은행권이 거의 법화legal tender와 같기 때문이다"(같은 책: 506). 둘째 "은행권은 단순히 유통하는 신용 증표를 나타내는 것이어서 은행이 취급하는 것은 신용 자체임이 명백하기 때문이다"(같은 책: 506).

마르크스가 마지막으로 설명하는 화폐의 기능은 **세계화폐**이다. "세계화폐는 보편적 지불수단으로서, 보편적 구매수단으로서, 엄밀한 의미에서 절대적 사회적 부(보편적 부)의 체화물로서 기능한다. 세계화폐의 주된 기능은 국제수지의 차액을 결제하는 지불수단이다"(Marx, 1976: 242-243). 그리고 세계 시장의 유통을 위한 준비금으로 기능한다. 이러한 세계화폐의 기능은 오늘날 기축통화의 기능과 같다.

4) 화폐 유통량 결정 방정식

마르크스는 화폐가 상품 유통의 매개물로서 유통수단의 기능을 가진다는 것을 분석함으로써, 상품 유통에 필요한 유통수단의 양이 유통되는 상품의 가격총액과 화폐 유통의 평균 속도에 따라 정해진다는 법칙을 밝혔다(마르크스, 2008: 191). 마르크스는 이를 방정식으로 나타냈는데, "$\frac{상품가격총액}{동일명칭주화의 회전수}$ =유통수단으로 기능하는 화폐량"(같은 책: 191)이다. 이를 대수 방정식으로 나타내면 다음과 같다.

$$M = \frac{PQ}{V} \cdots\cdots (1.1)$$

(M은 유통수단으로서 화폐량, P는 가격, Q는 상품량, V는 화폐 유통 속도)

그리고 화폐의 지불수단의 기능을 분석함으로써 채무로서 상품가격 총액 실현에 필요한 화폐량은 지불수단의 유통 속도에 따라 정해지며, 이 유통 속도는 채권자와 채무자 간의 연쇄적인 관계와 지불 기간 사이의 시간 간격에 제약을 받는다고 밝힌다(같은 책: 211). 그리하여 한 경제에서 필요한 화폐 유통량은 다음과 같다.

화폐 유통량 계산법(같은 책: 213)
유통수단과 지불수단의 유통 속도가 주어져 있을 경우 주어진 기간 내에 유통되는 화폐총액=실현되어야 할 상품가격 총액+만기가 된 지불의 총액-상쇄되는 지불액-동일한 주화가 유통수단과 지불수단으로 번갈아 기능한 유통횟수만큼의 액수.
이를 대수 방정식으로 정리하면 다음과 같다.

$$M = \frac{PQ}{V} + \frac{P_d}{V_d} - P_c - S_m \cdots\cdots (1.2)$$

(P_d는 만기가 된 지불총액, V_d는 지불수단의 유통 속도, P_c는 상쇄되는 지불액, S_m은 동일한 주화가 유통수단과 지불수단으로 번갈아 기능한 유통 횟수만큼의 액수)

5) 국가 발행 지폐의 유통 법칙

마르크스는 국가 발행 지폐의 특수한 유통 법칙도 정리한다. 국가 발행 지폐는 국가에 의해 외부에서 유통 영역에 투입되며, 그것이 금의 양을 대신하여 유통되면, 그 운동은 화폐 유통 법칙을 반영한다(마르크스, 2008: 199). 지폐 유통의 특수한 법칙은 지폐가 대표하는 금과의 비율에서 생겨난다(같은 책: 199-200). 만약 유통 영역에서 필요한 금화의 양보다 지폐가 두 배로 늘어나면, 같은 명칭의 지폐가 원래 금의 양의 절반을 대표하는 식이다(같은 책: 200). 그리하여 상품가격이 두 배로 상승한다.

6) 화폐 재료 가치의 변동으로 인한 상품가격 변동과 유통수단 양의 변동

마르크스는 상품가격 총액은 불변인데 화폐 재료 가치

의 변동으로 상품 가격이 변동하여 유통수단의 양이 증감하는 경우는 유통수단으로서 화폐 기능에서 생기는 것이 아니라 가치척도로서 기능에서 생기는 것이라고 분석한다(Marx, 1976: 213). 예를 들어 화폐 재료인 금의 생산성이 발전하여 금 생산량이 두 배로 증가하면 금의 가치는 절반으로 하락한다. 그러면 예전에 어떤 상품의 가격을 금 1온스 또는 그에 해당하는 금의 화폐 명칭으로 나타냈다면, 이제는 금 2온스 또는 그에 해당하는 화폐 명칭이 되어 가격이 2배가 된다. 그리하여 금 재료 가치의 하락으로 기존 상품량을 유통하는 데 필요한 유통수단으로서 금의 양이 2배가 된다. 다시 말해 금을 많이 유통시켜서 가격이 상승한 게 아니라 금의 생산성 상승으로 금의 가치가 하락하여 상품 유통에 필요한 화폐로서 금의 양이 증가한 것이다. 그러나 "… 어떤 사람들은 17세기와 특히 18세기의 상품 가격의 상승이 유통수단으로서 기능하는 금과 은의 증가 때문이었다는 잘못된 결론을 내렸다"(같은 책: 214)라며 마르크스는 리카도 등을 비판한다.

7) 상품가격·상품량·화폐 유통 속도와 유통수단 양의 관계

화폐 재료의 가치가 일정하다고 가정할 때, 상품량이 증가하거나 화폐 유통 속도가 감소하면 유통수단의 양이 증가한다(마르크스, 2008: 193-4). 반대로 상품량이 감소하거나 화폐 유통 속도가 증가하면, 유통수단의 양이 감소한다(같은 책: 194). 상품 유통량이 가격 상승과 같은 비율로 감소 또는 상품 유통량이 불변이지만 화폐 유통 속도가 가격 상승과 같은 속도로 증가할 때, 상품가격이 전반적으로 상승해도 유통수단의 양은 불변이다(같은 책: 194). 유통수단의 양은 가격에 비해 상품의 양이 더 빠르게 감소하든가 유통 속도가 더 빠르게 증가하면 감소할 수 있다(같은 책: 194). 상품량이 가격 하락과 같은 비율로 증가하거나 화폐 유통 속도가 가격 하락과 같은 속도로 감소할 때, 상품가격이 전반적으로 하락해도 유통수단의 양은 불변이다(같은 책: 194). 상품가격 하락에 비해 상품량이 더 빠르게 증가하거나 유통 속도가 더 빠르게 감소하면 유통수단의 양은 증가할 수 있다(같은 책: 194).

"이와 반대로 상품가격이 유통수단의 양에 의해 결정되고 유통수단의 양은 한 나라에 존재하는 화폐 재료의 양에 의존한다는 착각은 이런 견해의 원조 대표자들이 수용한 엉터리 가설인 상품이 가격을 가지지 않고 유통 과정에 들어가고 화폐는 가치를 가지지 않고 유통 과정에 들어가며, 그렇게 그것들이 유통에 일단 들어가면 수많은 상품의 일정한 부분과 귀금속 더미의 일정한 부분이 교환된다는 것에 뿌리를 두고 있다"(Marx, 1976: 214).

여기서 마르크스가 지적하는 원조 대표자 중 한 사람이 데이비드 흄이다.

8) 가치 증표로서 지폐의 유통량과 상품가격 변화

금 본위제에서 금의 가치를 상징하는 지폐는 금 대신에 유통되지만, 지폐의 유통량은 금이 상품 유통에 필요한 양에 한해서이다. 그런데, 만약 지폐가 유통 영역의 필요로 최대한도까지 늘어났다가 그 후 상품 유통의 감소가 일어나면, 지폐는 과잉 상태가 되고 같은 지폐액이 금을 적게 대표하게 된다. 예를 들어 유통 영역에서 필요한 금화의 양보다 지폐가 두 배로 늘어난다면, 1파운드스털링 지폐는 $\frac{1}{4}$온스 금의 화폐 명칭이 아니라 $\frac{1}{8}$온스 금의 화폐 명칭이 된다(마르크스, 2008: 200). 이는 마치 가격의 도량기준으로서 금의 기능에 변동이 일어나는 결과가 된다[11](Marx, 1976: 225). 그리하여 "이전에 1파운드스털링 가격으로 표현된 가치는 이제 2파운드스털링 가격으로 표현된다"(마르크스, 2018: 200).

그렇다면 화폐 상품의 가치 증표가 아닌 오늘날의 불환지폐제도에서는 어떨까? 현대 불환지폐는 화폐 상품의 가치 증표가 아니기에 앞의 예처럼 적은 양의 금을 대표하여 가격이 상승하는 경우는 발생하지 않는다. 그러나 불환지폐는 화폐 수요에 반응하여 정부가 발행하지만, 민간 경제의 외부에 있는 정부가 재량으로 공급하기에 수요와 공급의 불일치가 발생할 가능성이 있다. 만약 화폐가 상품 유통에 필요한 양보다 의도적으로 많이 공급되고, 이러한 초과량이 유통 영역을 빠져나가지 않고 머문다면, 동일한 화폐 단위가 더 적은 노동시간을 대표하게 되어 상품가격이 상승하는 결과가 나타날 수도 있다. 예를 들어 노동생산성, 총노동시간 및 상품 생산량은 불변인데, 불환지폐의 유통량이 증가하면 화폐 한 단위는 더 적은 노동시간을 대표하게 된다. 이는 가능성을 얘기하는 것이지 필연성을 말하는 게 아

---

[11] 김수행(마르크스, 2015a: 166)은 "가격의 도량표준"으로, 강신준(마르크스, 2008: 200)과 황선길(마르크스, 2019: 189)은 "가격의 척도"로 번역한다.

니다. 정부가 의도적으로 초과 공급하는 것이 아닌 경우에는 유통 영역에서 필요하지 않은 화폐량은 축장될 것이다. 그리고 경제가 어려운 시기에 수요가 부족하여 정부가 국민에게 현금을 제공하는 경우는 이에 해당하지 않는다. 오히려 수요 부족으로 인한 물가 하락의 가능성을 막는 역할을 할 것이기 때문이다. 다시 말해 유통 영역에서 부족한 화폐량을 채워 줄 것이기 때문이다.

만약 정부의 의도적인 화폐량 공급 변화로 물가의 변화가 발생할 경우에는 노동시간과 화폐단위 간 비율 변화로 인한 가격의 도량기준 변화가 발생할 수 있다.

2. 마르크스의 화폐수량설 비판

1) 마르크스의 화폐수량설 비판

마르크스는 화폐량이 상품가격을 결정한다는 고전 정치경제학의 화폐 이론, 즉 화폐수량설을 비판한다.

마르크스는 고전 정치경제학이 화폐의 유통수단으로서 기능과 교환가치 형태를 이해했지만 "통화의 지배적 형태로서 귀금속 통화와 대면하기 때문에 귀금속을 주화로, 주화를 단순한 가치 증표로 간주하"여 "가치 증표의 유통과 관련된 법칙에 따라 상품가격은 유통하는 화폐량에 의존하고 유통하는 화폐량은 상품가격에 의존하지 않는다는 명제가 제시"(Marx, 2010a: p. 391; 마르크스, 1988: 155)되었다면서 화폐수량설이 가지고 있던 공통된 견해의 오류를 지적한다. 금의 생산성이 증대하면 금의 가치가 하락하고 그리하여 가치척도로서 기능에 변동이 생겨 상품의 가격이 상승하고, 그런 이유로 유통수단의 양이 증가하는 것인데, 데이비드 흄을 비롯한 고전 정치경제학자들은 가치척도로서 화폐 기능과 유통수단으로서 화폐 기능을 구분하지 못하여 유통수단으로서 화폐량이 늘어나서 상품가격이 상승했다는 반대의 결론을 내렸음을 마르크스는 비판한다(Marx, 2010a: pp. 391-392; 마르크스, 1988: 155-156).

흄이 18세기 화폐수량설의 대표적 이론가이기에 마르크스는 그의 화폐 유통 이론의 세 가지 명제 "1. 주어진 나라에서 상품가격은 그곳에 존재하는 화폐량(실물 화폐 또는 상징 화폐)이 결정한다. 2. 주어진 나라에서 유통하는 화폐는 그 나라에 있는 모든 상품을 대표한다. 화폐량이 증가하면서, 각 단위는 대표하는 것들(상품을 의미_인용자)의 늘어난 또는 줄어든 비중에 조응하여 대표한다. 3. 상품량이 증가하면, 상품의 가격이 하락하거나 화폐의 가치가 상승한다. 반대로 화폐량이 증가하면 상품가격이 상승하며 화폐의 가치가 하락한다"(Marx, 2010a: p. 392; 마르크스, 1988: 157)를 논박한다.

마르크스는 흄이 자기 이론의 근거로 삼는 역사적 배경, 즉 16~17세기 귀금속 양의 증가로 인해 유럽의 상품가격이 상승했다는 주장에 대해 역사적 사실을 가지고 검토하면서 16~17세기 유럽에서 상품가격은 귀금속 양의 증가와 보조를 맞추어서 상승하지 않았다고 비판한다. 마르크스는 귀금속 생산성 상승에 의한 가격 변동은 귀금속 산지로부터 상품과 귀금속이 교환됨으로써 전파되는 것이기에 그러한 가격 변동은 50년 후에나 일어났음을 설명한다.

마르크스의 흄에 대한 비판점은 다음과 같다. 첫째, 흄은 화폐의 가치척도로서 기능과 유통수단의 기능을 혼동하여 유통수단의 양이 상품의 총가격에 의해 결정된다는 것을 이해하지 못하고 반대로 유통수단 양의 변화에 의해 상품가격이 변동한다는 식으로 인과관계를 반대로 이해한다. 둘째, 마르크스는 이러한 오해가 "유통수단의 양과 상품가격 변동 간 관계에 대한 학문적 검토에서는 화폐 재료의 가치가 주어진 것으로 가정해야" 하는데, 흄은 귀금속의 생산과 수입이 증가한 시기만을 오로지 고려하여 그러한 관계를 검토하기 때문에 생겨난다고 지적한다(Marx, 2010a: 392). 셋째, 흄은 가격이 없는 상품과 가치가 없는 금과 은이 유통에 들어가며, 상품은 가격을 얻고 금과 은은 가치를 얻는데, 그런 가치와 가격은 상품과 귀금속의 양적인 비로 결정된다고 주장한다(같은 책: 392). 이에 대해 마르크스는 흄의 논리에서는 금과 은이 화폐로서 유통에 들어가는 게 아니라 가치 없는 물건으로 들어가 상품과 관계를 맺으며 가치를 얻게 되면서 상품이 된다며, 따라서 화폐와 상품의 교환이 단순한 물물교환이 되고, 그리하여 상품의 동적인 운동을 귀금속 양과 상품량의 가상적인 기계적 등식으로 대체해 버린다고 비판한다. 넷째, 흄은 한 나라에 존재하는 모든 금과 은이 화폐로 흡수된다고 주장한다. 마르크스는 화폐수량설의 비판에 대한 대전제에서 상품의 총가격이 화폐 유통량을 결정한다고 하듯이 그러한 주장에 대해서 기본적으로 논박하고 있다.

마르크스는 흄과 동시대의 경제학자인 제임스 스튜어트의 이론에 대해서도 논평한다. 먼저 마르크스는 스튜어트에 대해 "가치척도에 대한 환상적인 관념으로 전반적으로 교환가치를 모순적으로 다루"었다고 비판하지만 "화폐의 본질적 측면과 화폐 유통의 일반법칙을 발견"(같은 책: 396)했다고 평가한다. 화폐 유통의 일반법칙 발견의 내용을 보면 먼저 스튜어트가 화폐의 구매수단과 지불수단으로서 기능을 구별하여 이 둘을 합쳐서 현금 수요라고 했으며, 상품유통은 화폐의 일정량을 단지 흡수할 수 있고, 주화로서 필요하지 않은 금과 은은 축장되거나 사치품으로 전환된다는 점을 밝혔다는 것이다(같은 책: 396-397). 그리고 "상품의 시장가격은 수요와 경쟁의 복잡한 작동에 의해 결정"되며, "그런 작동은 그 나라에 있는 금 및 은의 양과 꽤 무관하다"(같은 책: 397)면서 상품의 시장가격 결정이 한 나라에 존재하는 금과 은의 양과는 무관하다는 점을 밝혔다는 것이다. 또 "금과 은의 양이 유통에 필요한 수준 아래로 떨어지면, 그것들은 상징 화폐 등으로 대체된다"(같은 책: 397)라고 하여 스튜어트가 귀금속이 유통수단으로 기능하면 가치 증표로 전환될 수 있음을 파악했다는 것을 알 수 있다.

마르크스는 "스튜어트가 발견한 두 번째 법칙은 신용에 기초한 통화는 그 출발점으로 되돌아간다는 것"(같은 책: 397)이라며, 환류의 법칙에 대해서도 평가한다. 그리고 마르크스는 스튜어트가 상징 화폐와 신용화폐를 구별하지 못하였다고 비판하지만, 이것들이 국내 유통에서 귀금속을 대신하여 구매수단과 지불수단으로 기능하고, 금과 은은 세계 화폐로 기능함을 파악했다는 것, 즉 국내 화폐의 기능과 한계 및 세계 화폐의 기능을 파악했다는 것을 평가한다(같은 책: 397).

마르크스는 애덤 스미스의 화폐 이론에 대해서도 논평하는데, 그가 자료 출처를 밝히지 않고 스튜어트의 많은 이론을 받아들여 마치 자기가 생각해낸 것인 양 서술했다고 비판한다. 그러한 예가 "한 나라에서 이용할 수 있는 금과 은의 일부가 주화로 사용되고, 일부는 은행이 없는 국가들에서 상인들을 위한 준비금과 신용제도를 가진 국가들에서 은행 준비금으로 축적되고, 일부는 국제수지 정산을 위한 준비금으로 기능하고, 일부는 사치품으로 전환된다는 것"(같은 책: 398)에 대한 서술이다.

마르크스는 19세기의 화폐 연구에 대해서 다음과 같이 총평한다. 이 시기 화폐 연구는 금속 통화의 현상보다는 신용화폐인 은행권 유통에 수반되는 현상에 의해 촉진되었고, 대부분의 영국 저술가들은 신용화폐인 은행권의 유통을 법화인 가치 증표 또는 정부 채권의 유통과 혼동했으며, 법화, 즉 강제 통화의 현상으로부터 금속 통화의 법칙을 끌어내는 오류를 범했다(같은 책: 400).

이러한 오류를 범한 학자에는 데이비드 리카도도 포함된다. 마르크스가 19세기 대표 연구자로서 리카도를 다루는 이유는 "선행 연구자들을 요약하고 그들의 아이디어를 훨씬 정확하게 표현했"(같은 책: 400)으며 그의 아이디어에 기반하여 영국 은행법이 제정되었기 때문이다. 마르크스는 리카도가 "은행권 또는 신용화폐의 유통과 단순 가치 증표의 유통을 혼동했다"(같은 책: 400)라며 비판을 시작하는데, 그 비평의 큰 줄기를 정리하면 리카도가 신용화폐를 가치 증표로 오해한 바탕 위에서 연구하여 신용화폐의 현상을 가치 증표의 현상으로 착각했고, 그리하여 가치 증표의 현상이라고 파악한 것을 귀금속 통화의 현상으로 해석한 나머지 잘못된 화폐 이론을 정립했다는 것이다.

마르크스는 리카도가 상품과 금이나 은의 가치가 그 생산에 들어간 노동시간으로 측정되고, 그리고 상품의 상대적 가치는 금과 은의 가치로 측정되어 유통수단의 양이 화폐 재료의 가치와 상품 교환가치 총액에 의해 결정된다는 것을 파악했다고 평가한다(같은 책: 400). 또한 지급결제제도에 의해 유통수단의 양이 조정되고, 귀금속이 유통수단으로 기능함으로써 단순한 가치 증표로 대체된다는 것도 리카도가 파악했다고 평가한다(같은 책: 400-401). 그러나 리카도가 자신의 분석에서 끌어낸 "유일한 명제는 금의 가치가 주어져 있다면 유통하는 화폐량은 상품가격으로 결정된다는 것"(같은 책: 402)이라며 마르크스는 날카롭게 비평한다.

리카도는 화폐의 가치와 유통량의 관계에 대한 모순된 설명을 전개하면서 문제에 빠진다. 리카도는 상품의 교환가치가 주어져 있을 때, 화폐가 재료 가치를 유지할 수 있는 적절한 규모의 화폐 유통량이 있다고 주장한다(같은 책: 402). 그리하여 금이 적정량보다 많이 유통되면 재료 가치보다 하락하고 상품가격은 상승하며, 금이 적정량보다 적게 유통되면 재료 가치보다 상승하고 상품가격은 하락한다는 것이다(같은 책: 402-403). 리카도가 이렇게 생각하는 것은 금을 가치 증표로서 착각하고 있기 때문이며, 여기서 화폐재료, 즉 금의 가치보다 상승하거나 하락하는 것은 가치 증표이다(같은 책: 402-403).[1]

이러한 리카도의 설명에서는 귀금속 화폐량이 그대로일 때 상품 유통량이 감소하면 귀금속 화폐가 제 가치보다 하락하여 상품가격이 상승하고, 상품 유통량이 증가하면 귀금속 화폐가 제 가치보다 상승하여 상품가격이 하락하는 결과가 된다(같은 책: 402-403). 귀금속의 가치가 하락하고 상품가격이 상승한 경우에는 귀금속 생산량을 줄이면 귀금속이 가치와 유통량의 적정 비율로 돌아가서 제 가치가 되고, 귀금속의 가치가 상승하고 상품가격이 하락한 경우에는 귀금속 생산량을 늘리면 제 가치가 된다(같은 책: 402-403). 그리하여 리카도는 상품가격은 화폐량의 증감에 비례하여 등락

---

1 이토와 라파비챠스(1999: p. 43)는 리카도가 축장의 존재와 역할을 인식하지 못한 것이 그의 화폐수량설 논리에서 핵심 요소인 것처럼 여긴다. 그래서 이들은 마르크스와 리카도가 구별되는 결정적인 요소를 마르크스는 축장이 화폐 유통량을 조절하는 수로로서 기능한다는 것을 이해한 반면에 리카도는 한 나라 안에 있는 모든 귀금속이 화폐로서 유통한다고 생각한 것이라고 주장한다. 그러나 마르크스가 실제 리카도에 대해 논평한 것을 보면 축장을 인식하지 못한 점은 리카도의 화폐수량설 논리에서 핵심 요소가 아니다.

한다고 주장한다(같은 책: 405). 또한 사치재로 사용되는 금은을 제외하면 모든 금은은 유통수단 또는 주화가 되어 유통하는 상품을 위한 가치 증표가 된다고 주장한다(같은 책: 403-404).

리카도의 이러한 논리 전개에서 가장 큰 문제점은 자기 주장의 핵심인 상품의 가격 또는 금의 가치가 금의 유통량에 의존한다는 것을 증명했어야 하는데, 그렇게 하지 않고 그릇된 주장을 맞는 것으로 상정했다며, 마르크스는 리카도의 논리의 맹점을 정확하게 지적한다(같은 책: 404).

그리하여 리카도는 흄과는 다르게 상품과 화폐인 귀금속이 생산에 들어간 노동시간에 의해 가치를 가지고, 상품은 화폐에 의해 가치가 측정되어 유통에 들어가며, 금의 가치가 주어져 있을 경우 화폐 유통량은 상품가격으로 결정된다고 올바르게 파악했지만, 귀금속 화폐를 단순한 가치 증표로 이해하여 "상품의 가격이 화폐의 증가 또는 감소에 비례하여 등락"[2](같은 책: 405)한다고 결론 내렸다. 따라서 화폐량과 가격의 관계에 대한 리카도의 결론은 흄의 것으로 귀결되었다.

리카도는 같은 논리로 국제 경제 환경에서 일어나는

---

2 마르크스가 인용한 리카도의 문장을 재인용함.

물가 운동에 대해 분석했는데, 마르크스는 이에 대해 "국제적인 겉치장"(같은 책: 405)만 했다고 비판한다.

리카도에 의하면 국제 경제 환경에서는 원래 각 국가 간에 적절한 통화량을 갖춤으로써 국가 간 통화가 균형 상태를 유지한다(같은 책: 405). 그러나 어떤 나라에서 금의 생산량이 증가했거나 상품의 가치량이 증감했을 경우, 국가 간 통화의 균형 상태가 무너진다(같은 책: 406). 금의 유통이 증가한 나라에서는 금의 가치가 자기 가치보다 하락하여 물가가 상승하고 따라서 이 나라의 금의 가치는 다른 나라에 비해 하락하고 상품의 가격도 다른 나라에 비해 상승한다(같은 책: 406). 이런 경우 금이 자기 가치로 돌아갈 때까지 다른 나라로 수출되고 상품은 수입되어 국가 간 통화의 균형이 재정립된다(같은 책: 406). 만약 상품량이 많아져서 금의 유통량이 상대적으로 적어 금의 가치가 자기 가치보다 상승하여 가격이 하락할 경우에는 금이 수입되고 상품은 수출됨으로써 금의 가치가 자기 가치로 돌아가고, 국가 간 통화의 균형이 재정립된다(같은 책: 406).

마르크스는 이러한 리카도의 잘못된 주장을 역사적 사실에 근거해서 논박한다. 1800~1820년 잉글랜드에서 흉작이 발생할 때마다 금이 수출되었는데, 리카도는 그 이유를 흉작으로 상품의 양보다 금의 양이 상대적으로 많아져서 금의 가치가 하락했기 때문이라고 주장했다(같은 책: 407). 마르크스는 1793년 이후 흉작이 일어날 때마다 유통수단의 양은 오히려 불충분했으며, 금이 수출된 이유는 흉작으로 인해서 필요해진 곡물을 수입하기 위해 국제적 구매수단 및 지불수단으로 사용되었기 때문이라고 반박한다(같은 책: 407-408).

나폴레옹 대륙 봉쇄령 시기에 리카도는 잉글랜드 시장에서 상품가격이 상승하고 화폐, 즉 금의 가치는 하락하였으며, 유럽 대륙에서는 상품가격은 하락하고 금의 가치가 상승하여, 잉글랜드가 상품 대신에 금을 수출했다고 주장했다(같은 책: 408). 그러나 마르크스는 그때 잉글랜드 제조품과 잉글랜드 식민지 생산물의 가격이 파멸적으로 낮았고, 대륙의 설탕과 커피 가격이 잉글랜드보다 4배 또는 5배 높았다는 한 잉글랜드 저술가의 기록을 소개하며 논박한다(같은 책: 408).

마르크스는 리카도 이론을 지지한 제임스 밀James Mill의 이론에 대해서도 논평한다. 마르크스는 제임스 밀의 명제에 대해 "그는 상품의 가격 또는 화폐의 가치를 결정하는 것은 '한 나라의 화폐 총량이다'라는 것을 증명하길 원했"고, 또

"교환가치를 가진 상품이 아니라 사용가치를 유통에 집어넣"는 흄과 같은 오류를 범했다고 평가한다(같은 책: 411). 따라서 제임스 밀은 상품가격 및 화폐 가치 결정과 화폐량의 관계에서 리카도를 따랐지만, 상품은 가격을 가지지 않고 유통에 들어간다는 면에서는 흄으로 후퇴했다.

마르크스는 통화주의 학파currency principle school가 19세기 상업 위기 및 대위기와 함께 나타났던 물가 폭등과 폭락에 대해 리카도의 화폐 이론에 기초해서 그 기원과 정책 처방을 통화 영역 안에서 찾는 것에 대해 비판한다. 화폐량이 적정량보다 많아지면 화폐의 가치가 자기 가치보다 하락하고 화폐량이 적정량보다 적어지면 화폐의 가치가 자기 가치보다 상승한다는 리카도의 논리에서 주기적인 물가의 상승과 하락은 유통하는 화폐가 너무 많거나 너무 적어서라는 주장을 도출할 수 있다(같은 책: 414). 그리고 금속의 유입과 유출은 가격의 상승 또는 하락을 일으킨다는 리카도의 논리로부터 금이 유입될 때는 가격이 너무 낮다는 증거여서 금의 유입에 맞춰서 은행권을 유통에 공급해야 하고, 금이 유출될 때는 가격이 너무 높다는 증거여서 금의 유출과 함께 은행권을 유통에서 빼내야 한다는 치유책이 고안될 수 있다(같은 책: 414). 주기적 물가 상승과 하락 및 물가 급등과 급락에 대한 대책으로 통화주의 학파는 자신들이 제정한 1844년과 1845년 은행법에 그런 치유책을 포함시켰다. 은행법은 금이 단순히 정화이기에 한 나라에 존재하는 모든 금은 화폐로 유통되므로, 금이 수입될 경우 화폐량이 증가하여 물가 상승이 일어난다는 리카도의 가정에 근거하고 있으며, 통화주의 학파는 그 법으로 한 나라에서 유통되는 정화의 양을 그 나라의 금의 양과 일치하도록 만드는 실험을 가장 큰 국가의 규모로 실행하면서 이론과 실제에서 '수치스러운 낭패'를 겪었다고 마르크스는 지적한다(같은 책: 414). 마르크스는 『자본론』 3권에서 은행법의 핵심 내용과 '수치스런 낭패'에 대해 다음과 같이 구체적으로 설명한다.[3] 1844년 은행법은 잉글랜드 은행을 발권부와 은행부로 나누고, 발권부는 준비금(보증 준비+금속 준비)만큼의 은행권을 발행하고 금과 은행권을 서로 태환해 주도록 하며, 예금 수취 및 대출 업무는 은행부가 수행하도록 했다. 금속 준비에서 유출이 일어나면 동일한 액수의 은행권이 발권부로 회수되어 폐기되고, 금속 준비로 금화가 유입되면 동일 액수의 새로운 은행권이 유통에 투입되도록 했다(마르크스, 2010b: 757-760). 이는 금속 본위제 법칙을 따르는 지폐 유통

---

[3] 마르크스가 완전한 문장으로 서술하지 않은 것을 엥겔스가 윤문한 것임.

의 실행이었으며 이로써 통화주의 학파는 더 이상 위기의 발생은 불가능하게 되었다고 주장했다(같은 책). 하지만 발권부와 은행부의 분리는 잉글랜드 은행이 결정적인 순간에 동원할 수 있는 모든 수단의 재량권을 박탈하는 결과를 낳았다(같은 책). 발권부가 준비금을 풍부하게 가지고 있는데도 거의 경제 위기 때마다 일어난 해외로의 급격한 금 유출로 인해 은행부가 파산의 위기에 이르는 경우가 발생했다(같은 책). 은행법은 경제 위기가 발생하는 초기에 상업계로 하여금 은행권을 예비로 축장하도록 부추김으로써 위기를 촉진하고 악화시켰고, 지불수단이 부족한 시기에 지불수단 수요를 급증하게 만듦으로써 이자율을 급등케 했다. 그리하여 1847년과 1857년 위기 때에 은행법은 정지되는 운명을 겪었다(같은 책). 그리고 마르크스는 전체 물가의 주기적 변동, 즉 과열기에는 물가가 상승하고 위기의 시기에는 물가가 하락하는 것은 신용제도와 관련되고, 은행권은 신용화폐이기에 은행권의 발행과 물가의 주기적 등락과 신용화폐의 가치 하락 문제는 신용제도와 신용 이론의 분석을 통해 고찰해야 한다고 밝힌다.

마르크스는 은행학파에 속하는 투크Tooke의 이론도 검토했는데, 투크는 리카도가 전제한 "물가와 통화량의 직접적 상관성이 순전히 허구임을, 귀금속 가치가 불변일 때 통화량의 증가 또는 감소는 항상 가격 변동의 결과이지 절대로 원인이 아님을, 전적으로 화폐 유통은 단지 부차적인 변동임을, 화폐는 유통수단으로서 기능에 더해 실제 생산과정에서 그 외 다양한 기능을 수행함을 깨달"(같은 책: 415)았다고 평가한다. 그리고 마르크스는 윌슨Wilson과 풀러턴Fullarton이 화폐의 다양한 측면을 다루었지만 유기적 관계의 측면에서 다루지 않았으며, 화폐의 유통수단과 지불수단으로서 기능과 상품 형태로서 자본을 구별하지 못했다고 비판한다(같은 책: 416-417).

3. 현대 불환지폐에 대한 정의

1) 현대 불환지폐 정의

마르크스의 화폐 이론으로 오늘날의 강제통용 불환지폐를 정의하면 앞서 말했듯이 '노동시간의 가치 증표'라고 할 수 있다.

앞서 보았듯이 마르크스는 가치척도의 기능을 "상품 세계에 가치 표현의 재료를 제공하는 것 또는 상품들의 가치를 동일한 명칭을 가진 크기, 즉 질적으로 동일하고 양적으로 비교 가능한 크기로 표현하는 것"(마르크스, 2008: 159)이라고 정의한다. 오늘날의 불환지폐는 "상품들의 가치를 동일한 명칭을 가진 크기, 즉 질적으로 동일하고 양적으로 비교 가능한 크기로 표현하는 것"이고, 이를 가능케 하는 것은 화폐 단위가 일정량의 노동시간을 대표하여 가치를 표현하는 데 있으므로 가치척도라고 할 수 있다. 그리고 불환지폐는 표준단위가 정해져 있고 이 표준단위로 상품의 가치를 측정하여 가격으로 표현하기에 가격의 도량기준으로서 기능한다.

그러나 던컨 폴리는 "노동시간의 화폐적 표현… 이라는 분석은 불환 국가 통화에 기초한 화폐제도에도 투명하게 적용될 수 있"지만, "국가 통화의 가치, 특히 미국 달러의 가치 결정"은 이론적으로 남는다고 한다(Foley, 2005: 43). 그러면서 국가 통화 가치 결정을 "가격의 도량기준과 금과의 태환성을 통해 물려받았"지만 오늘날의 화폐 제도는 "그런 제도적 연결고리가 소멸되었다"(같은 책: 43)라며 화폐의 가치가 어떻게 결정되는지를 고찰한다. 그러면서 "달러는 미국 정부의 부채 표시 단위"이며, "국가 부채는 가치의 척도이며 구매수단 및 지불수단이다"(같은 책: 44)라고 규정한다. 여기서 문제는 국가 부채가 가치의 척도이고, 구매수단과 지불수단이라는 규정이다. 부채는 가치척도가 될 수 없는데, 부채는 가치 표현을 위한 노동 생산물이거나 가치 증표가 아니며 화폐에 의해 부채의 크기가 화폐 단위로, 즉 가격으로 표현되기 때문이다. 따라서 폴리의 정의는 달러라는 화폐의 본질이 무엇인지에 대한 답이 될 수 없다. 자본주의 사회에서 가치의 실체는 인간의 추상노동이며, 가치의 크기는 노동시간을 단위로 측정되고, 화폐는 노동 생산물이거나 가치 증표이기 때문에 상품의 가치척도가 되고, 표준단위를 가지고 있기에 가격의 도량기준이 된다. 그래서 달러는 노동시간과 달러의 화폐 단위 간 비율 관계 때문에 상품의 가치를 측정하고, 그 가치를 가격으로 표현한다. 따라서 국가 부채가 가치의 척도이고 구매수단이고 지불수단이 아니라 달러가 가치의 척도이며 구매수단이고 지불수단이다.

폴리가 이러한 실수를 저지르는 것은 그가 "20세기 들어… 달러와 같은 추상적 회계 단위가 일반적 등가물로 쓰이는 체계로 발전"(폴리, 2015: 40-41)했다고 하듯, 불환지폐 자체를 가치를 가지고 있는 일반적 등가물로 간주하는 생각에서 비롯되었다고 할 수 있다. 그래서 폴리는 가치가 없는 불환지폐의 가치, 즉 "화폐의 가치"(같은 책: 33)의 측정을 추구한다. 그는 이를 "노동의 화폐적 표현"의 역수로서 '$\frac{1시간}{노동 1시간의 화폐표현}$'이라고 규정한다(같은 책: 33). 그러나 이는 마르크스의 개념과는 모순되는데, 화폐 자체는 가치와 가격을 가질 수 없기 때문이다. 이에 대해서는 카르케디와 로버츠가 잘 설명하는데, "화폐 상품은 상품으로서 금이 화폐라고 의미하는 것이 아니"며 "금은 상품 형태를 벗어 던지고 화폐가 된다"(Carchedi & Roberts, 2022: 46). 그리고

"금이 가치척도라면 금은 가치를 가질 수 있거나 가치일 수 없다"(같은 책). 왜냐하면 금 자신이 가치척도이기에 자신의 가치를 그 자신으로 나타내면, 금 1파운드=금 1파운드라는 동어반복이 되기 때문에, 화폐는 화폐 가치형태로 가치를 가질 수 없다. 금은 상품으로서만 인간의 추상노동의 생산물로서 가치를 가지고(같은 책: 47), 다른 상품을 통해서 상대적 가치를 표현할 수 있을 뿐이다.

폴리가 현대 불환지폐 체계를 신용 형태가 지불수단의 역할을 수행하는 체계라고 하고 달러의 가치를 부채에서 찾고 부채가 가치척도라고 하는 것을 보면, 그는 현대 불환지폐의 본질을 신용이라고 생각하는 것 같다.

쉬잔느 드 브뤼노프도 "신용 계약은 화폐에 대하여 법적 청구권 형태를 가진다"라고 전제하지만 "이것은 두 가지 형태를 가지는 화폐인데 하나는 지불해야 하는 총액에 대한 계산단위로서 다른 하나는 최종 결제를 위한 지불수단으로서"(Brunhoff, 2005: 212)라며 신용 계약을 사실상 화폐로 해석한다. 이와 달리 불환지폐가 지불 총액을 위한 계산단위이고 지불수단이다.

코스타스 라파비챠스는 "중앙은행 화폐는…강제통용화폐와 신용화폐의 독특한 혼합물"이라며 이중적 입장을 취하고 "… 국가의 권위에 근거하고 통상적으로 국가채무수단을 포함한 중앙은행 자산에 의해 지지된다는 측면에서 강제통용화폐이다"라며, 부차적 특징들을 내세우면서 현대 불환지폐를 애매모호하게 정의하고 있다.

이러한 해석에 대해 올바른 비판은 카르케디와 로버츠의 설명이다. 그들은 "태환지폐든 불환지폐든 지폐는 가치의 상징이며 가치의 표현"이기에 "구매력을 가진다"(Carchedi & Roberts, 2022: 50)라고 한다. 그리고 "구매력은 종종 들어 있는 가치[1]의 상징으로 간주되고", "실제로는… 재분배된 후에 들어 있는 가치, 즉 이윤율의 경향적 균등화 후에 교환을 통해 실현된 가치를 표현한다"(같은 책: 50)라고 한다. 여기서 '이윤율의 경향적 균등화 후에 교환을 통해 실현된 가치'는 결국 생산적 노동시간을 의미한다. 그리고 "신용/부채는 화폐에 대한 법적 청구권이"며 "화폐가 아니"라고 한다. 이는 "현대의 상황에서 화폐는… 불환지폐와 신용 둘 다"라고 했고 "… 지폐 및 신용화폐가 가치가 없다는 것을 의미하지 않는다"(Carchedi, 1991: 164)라고 했던 카르케디의 변화한 관점이라고 하겠다.

이렇게 지폐가 가치의 상징 또는 가치 증표이고, 신용은

---

[1] "value contained"의 번역어로 상품에 들어 있는 가치를 의미한다.

화폐가 아니라 화폐에 대한 법적 청구권이라는 설명은 마르크스의 논리에 부합한다.

클라우스 저머(Germer, 2005)는 마르크스가 가치척도로서 화폐가 비상품일 수 있는 가능성을 언급한 적이 없고, 가치척도는 그 자체로 가치를 지녀야 하며, 따라서 노동 생산물이어야 한다고 주장한다. 마르크스가 당시 화폐 상품이던 금을 분석했기에, 금이 노동 생산물로서 가치를 가지고 모든 상품의 일반적 등가물로서 화폐가 되었기에 가치척도로서 분석된 것이지, 반대로 화폐가 노동 생산물이 아니기에 가치척도로서 기능할 수 없다고 규정한 것은 아니다.

화폐는 가치를 표현하고 가치의 크기는 노동시간으로 결정되기 때문에, 노동시간과 화폐 단위의 관계를 등식으로 나타낼 수 있다. 먼저 금 본위제 시대에서 금 1온스와 밀 1쿼터를 생산하는 데 지출되는 사회적 필요노동시간이 20시간으로 같다고 한다면 같은 가치를 가지는데, 당시 금 1온스의 화폐 명칭은 2파운드스털링 17실링 1/2 펜스였다. 따라서 다음과 같이 표현할 수 있다. 이때 금 1온스는 상품으로서 금을 의미한다. 그래서 노동 1시간은 화폐 2실링 $10\frac{7}{10}$ 펜스로 표현된다.

금 1온스=2파운드스털링 17실링 1/2 펜스=밀 1쿼터

현대 법정불환지폐제도 아래서 운동화 한 켤레와 테이블용 스피커 한 조를 생산하는 데 들어가는 사회적 필요노동시간이 10시간으로 같고, 가격이 20만 원이면 다음과 같이 표현할 수 있다. 그러면 노동 1시간은 2만 원으로 표현된다.

운동화 한 켤레=20만 원=스피커 한 조

4. 인플레이션 이론 구성 시도

인플레이션 이론을 구성하려면 물가의 변동, 즉 물가 상승inflation과 물가 하락deflation의 원인과 동학을 파악해야 한다. 그리하여 물가 상승에 관한 부분을 추려내어 구성하면 인플레이션 이론이 된다. 따라서 마르크스의 물가 변동에 대한 설명을 정리하고 그의 화폐 이론과 신용 이론에 기초하여 물가 변동의 원리에 대한 정리를 시도하겠다.

1) 마르크스의 물가 변동 분석

마르크스가 분석한 상품가격의 일반적(전반적) 변동을 살펴보면 다음과 같다. 특별한 언급이 없을 경우에는 수요와 공급은 일치한다고 가정한다. 다음 분석에서는 금을 화폐 상품으로 가정하고 있다.

"상품가격의 일반적 상승은 화폐 가치가 불변일 경우에 상품 가치의 상승을 초래할 수 있고, 또는 상품 가치가 불변일 경우에 화폐 가치의 하락을 초래할 수 있다"(Marx, 1976: 193; 2010b: 108-109).

전자의 경우인 상품 가치가 상승한다는 것은 상품의 생산성이 하락했다는 의미이다. 다시 말해 상품 한 단위를 생산하는 데 노동시간이 더 많이 들어갔다는 것이다. 자본주의에서 상품의 생산성은 일반적으로 상승하기 때문에, 상품 생산성이 전반적으로 하락하여 물가가 전반적으로 상승한다는 것은 가능성이 없다. 후자의 경우는 화폐의 재료인 금의 생산성이 상승하여 금의 가치가 하락한 경우이다. 이 경우에는 상품가격이 불균등하게 상승하지 않고, 모든 상품의 가격이 화폐 가치가 하락한 비율만큼 균등하게 상승한다.

"상품가격의 일반적 하락은 화폐 가치가 불변일 경우에 상품 가치의 하락을 초래할 수 있고 또는 상품 가치가 불변일 경우에 화폐 가치의 상승을 초래할 수 있다"(Marx, 1976: 193; 2010b: 108-109). 전자의 경우는 상품 생산성이 상승할 때 발생할 수 있다. 이는 상품 한 단위를 생산하는 데 지출되는 노동시간이 줄어들었다는 의미로 자본주의 상품 생산에서 일반적이다. 후자의 경우 금의 생산성이 하락하는 경우이다. 이는 금 본위제에서는 발생할 수 있으나 불환지폐제도에서는 발생하지 않는다.

이렇게 살펴본 결과 마르크스는 "화폐 가치의 상승이 필연적으로 상품가격의 비례적 하락을 의미하거나 화폐 가치의 하락이 상품가격의 비례적 상승을 의미한다고 결코 결론 내릴 수 없다"(Marx, 1976: 193; 2010b: 108-109)라고 한다. 화폐 가치의 등락에 따라 상품가격이 비례적으로 하락하고 상승하는 것은 "오직 가치가 불변인 상품들"(Marx, 1976: 193; 2010b: 108-109)이다. "하지만 상품 가치가 화폐 가치와 비례해서 동시에 상승하면 동일한 가격을 유지한다"(Marx, 1976: 193; 2010b: 108-109).

그리고 상품 가치가 화폐 가치보다 더 느리게 오르면 상품 가치의 변동과 화폐 가치의 변동 간 차이만큼 상품가격이 하락한다(Marx, 1976: 193; 2010b: 108-109). 반대로 상품 가치가 화폐 가치보다 더 빠르게 오르는 경우에는 상품 가치의 변동과 화폐 가치의 변동 간 차이만큼 상품가격이 상승한다(Marx, 1976: 193; 2010b: 108-109).

앞서 설명했지만 감안해야 할 한 가지는 금의 가치 증표로서 국가 발행 지폐가 유통되는 경우이다. 지폐도 무작정 발행되는 것이 아니라 상품 유통에 필요한 양만큼 금을 대신하여 발행되어 유통된다. 만약 상품 유통이 증가하여 지폐 유통량이 늘어났는데 상품 유통이 감소하여 지폐 유통량이 유통 영역에서 필요한 금화의 양보다 두 배가 많아진다면, 이 지폐가 대표하는 금의 가치는 원래 대표했던 금의 가치보다 절반으로 줄어들게 되고 따라서 물가는 2배 상승하게 된다.

2) 현대 불환지폐와 물가 등락

오늘날 불환지폐는 국가가 발행하지만 무한정 발행하는 것이 아니다. 화폐는 유통 영역의 필요에 맞춰서 발행하게 되는데, 마르크스의 이론에 입각하면 유통에 필요한 화폐량은 상품 유통에 필요한 유통수단으로서 화폐량과 채무지불에 필요한 지불수단으로서 화폐량을 먼저 계산하고, 여기에 상호 청산되는 채무액을 미리 정산하고, 화폐의 유통 속도를 감안하여 계산하는 게 합당하다.

그러나 마르크스가 설명했던 예처럼 상품 유통량이 감소하여 화폐량이 유통 영역의 필요량보다 많게 되어 물가가 상승하는 일은 발생하지 않을 것이다. 현대의 불환지폐는 화폐 상품의 가치 증표가 아니므로 유통 영역의 수요 증감에 따라 화폐량이 증감할 것이기 때문이다. 유통 영역에서 필요한 화폐량이 증가하면 화폐 유통량이 늘어났다가 유통 영역에서 필요한 화폐량이 감소하면 화폐 유통량이 줄어들 것이다. 이는 은행제도와 개인들의 축장과 정부의 각종 통화 정책을 통해 이루어질 것이다.

하지만 정부의 화폐 공급량과 수요량의 불일치가 발생할 가능성을 배제할 수는 없다. 특히 정부의 의도적이고 지속적인 통화 공급이 발생하는 경우가 있을 수 있다. 여기서 말하는 화폐량은 본원통화 유통량이지 신용으로 창조된 예금통화 등의 신용화폐량은 제외된다. 만약 화폐량이 필요량보다 2배 많으면 화폐 단위가 대표하는 노동시간의 양이 절반으로 줄어들어 가격이 두 배 상승할 것이다. 물론 반대로 지폐 유통량이 유통 영역에서 필요한 양보다 적으면 물가는 하락하게 될 것이다. 염두에 두어야 할 점은 화폐 유통 속도가 일정할 때 필요한 화폐 유통량을 결정하는 것은 상품가격 총액이며, 화폐량이 상품가격 총액을 초과하느냐 미달하느냐에 따라 가격이 가치와 괴리하여 물가가 변동할 수 있을 뿐이지, 화폐 유통량이 상품가격을 결정하지 않는다는 것이다. 상품의 가치는 이미 사회적 필요노동시간에 따라 결정되고, 가격은 상품의 가치를 화폐로 표현한 것일 뿐이다.

만약 지폐 유통량이 유통 영역의 필요량을 초과하여 물가가 상승한다면, 모든 상품에 동일한 물가 상승률이 적용된다. 그러나 지폐 유통량이 필요량을 초과하지 않았다면, 화폐량 증가가 물가 상승 요인이 아니다. 또한 상품가격의 상승이 일부 품목에서 일어나거나, 경제 전체에 균등한 상승률로 발생한 경우가 아니라면 화폐가 아닌 다른 요인을 찾아야 한다.

3) 생산성, 수요 및 공급, 기타 요인과 물가의 등락

상품의 가격과 가치가 일치할 때, 상품가격이 상승할 수 있는 가장 기본적 원인은 앞서 설명했듯이 생산성 하락으로 인한 상품 가치 상승인데, 자본주의에서는 가능성이 작다. 그러나 경제 외적인 요인에 의해 생산성이 하락할 가능성이 있다. 농업 생산물같이 생산과정이 자연력의 영향을 많이 받는 경우는 흉년이 들었을 때 생산량이 감소하면 농산물의 가치가 상승하는데, 생산량의 감소가 생산성 하락, 즉 생산에 필요한 노동시간이 증가한 것으로 환산되기 때문이다. 코로나19 대유행 기간 동안 기후 변화 영향으로 생산량이 감소한 농산물의 가격이 상승한 경우가 여기에 해당한다. 예를 들어 쌀이 한 해 평균 20킬로그램 가마니 기준으로 225가마니, 즉 4500킬로그램이 생산되며 20킬로그램 한 가마니에 6만 원인데, 이 쌀의 재배와 생산에 들어가는 사회적 필요노동시간이 총 1350시간이라고 가정하자(계산의 편의를 위해 원료·비료·기계·도구·토지 등의 생산수단 비용은 제외한다). 이때 쌀 한 가마니 생산에 6시간이 소요되는 것으로 계산되며, 노동시간 1시간은 1만 원의 가치를 가진다. 그런데 올해 기후의 문제로 흉년이 들어서 평년의 절반인 2250킬로그램이 생산되었다고 하자. 노동시간은 1350시간 그대로 소비된다. 그러면 쌀 한 가마니 생산에 12시간이 지출되며, 한 가마니 가격은 12만 원이 된다. 이것이 바로 자연력에 의해 생산량이 감소하면 상품 단위당 사회적 필요노동시간이 증가한 것으로 환산되어 생산성이 하락한 것으로 간주된 결과이다. 또 우크라이나 전쟁으로 수확을 하지 못해 생산량이 감소한 농산물도 같은 방식으로 가치가 상승하여 가격이 상승한 경우에 해당한다고 할 수 있다.

    코로나19 대유행과 기후 재난 등으로 도로가 유실되거나 운송 노동자가 부족하여 운송이 정체되어 발생하는 공급망의 정체로 인한 상품 생산 정체 및 공급 정체는 상품 생산 시간에 포함되는 운송 시간을 늘리기에 생산성 하락으로 인한 상품 가치 상승을 일으킨다. 그리하여 상품가격이 상승한다.

그리고 마르크스의 이론에서는 주류 경제학 이론과 마찬가지로 수요가 공급을 초과하여 증가하면 상품가격이 가치로부터 괴리하여 상승할 수 있다. 또한 상품 가치와 상품 수요량은 불변인데, 인위적 요인으로 인해 산업 생산량이 감소하여 수요가 증가하는 효과가 발생함으로써 그러한 현상이 일어날 수 있다. 예를 들어 석유와 같이 오펙플러스 OPEC+라는 카르텔을 통해서 세계 생산량의 큰 비중을 조절할 수 있는 경우, 감산을 하면 생산성이 불변이어서 석유 가치가 불변이더라도 수요가 증가한 효과를 얻게 되어 상품가격이 상승한다. 물론 이는 독점 이윤 형태의 초과 이윤을 가격에 부가한 경우로 볼 수 있다. 특히 석유는 많은 상품의 원료로 사용되기에 많은 상품의 가격 상승에 미치는 영향이 크다고 할 수 있다.

공산품의 경우에 감염병 대유행 같은 사유에 의한 봉쇄 정책과 폐쇄 정책으로 생산량과 수요량이 함께 감소했지만, 생산량이 수요량에 비해 더 많이 감소하면 생산성이 불변이더라도 수요량 증가 효과로 상품가격이 상승할 수 있다.

4) 신용제도와 물가의 등락

마르크스는 주기적인 물가의 상승과 하락은 신용 이론과 신용제도와 관련지어 분석되어야 한다고 생각한다(Marx, 2010a: 414). 이런 주기적인 물가의 상승과 하락은 자연력 또는 전쟁의 영향 같은 외부적인 요인이나 카르텔 같은 독점체의 고의적 감산이나 증산이 아닌 경기순환에 의해 발생하는 것을 의미한다. 신용제도, 즉 상업신용과 은행신용에 관한 마르크스의 분석은 『자본론』 3권 5편에 잘 나타나 있으며, 이것이 마르크스의 신용 이론을 이룬다고 할 수 있다.

마르크스는 "재생산 과정에 종사하는 자본가들이 상호간에 제공하는"(Marx, 2010c: 478) 상업신용은 자본주의 신용제도의 기초를 이루며, 이러한 "상업신용을 대표하는 것은 환어음"(같은 책)이라고 한다. 판매 목적으로 상품을 생산하는 자본주의에서 "화폐는 대체로 지불수단으로 기능"(같은 책: 397)하기에, "상품이 화폐와 교환되어 판매되지 않고 지불 약속 증서와 교환되어 판매"(같은 책)되고, "모든 지불 약속 증서는 만기일까지 지불수단으로 유통되고 실질적인 상업 화폐를 형성"(같은 책)하며, "환어음의 일반적 범주에 포함"(같은 책) 될 수 있기 때문이다. 따라서 상품 거래에서 화폐 대신에 지불수단으로서 사용되는 환어음은 "신용화폐의 기초, 즉 은행권 등의 기초"(같은 책: 398)를 형성하므로, 신용화폐는 "화폐 유통에 기초해 있는 게 아니라 환어음의 유통에 기초해 있다"(같은 책: 398). 따라서 자본의 재생산 과정과 관련된 은행신용은 상업신용에 기초해 있다.

마르크스는 상업신용의 본질과 특징을 정확히 밝히기 위해 하나의 상품, 즉 면직물을 생산하고 유통하는 일련의 단계들로 이루어진 재생산 과정에 참여하는 산업 자본가(면화 재배업자, 방적업자, 면직물 제조업자, 기계 제조업자 등)와 상업 자본가(면화 중개인, 면화 수입업자, 면사 수출업자 등)가 상호간에 신용을 제공하기 위해 발행하는 환어음을 분석한다. 상품의 재생산 과정에서 자본가들이 환어음으로 대부하는 것은 화폐와 교환되어야 하는 상품자본이다. 그리고 환어음이 매개하는 것은 화폐로 전환되어야 하는 상품의 탈바꿈이며, 이는 "C-M뿐만 아니라 M-C[1]와 실제 생산과정"(같은 책: 481)을 의미한다. 따라서 은행신용을 제외하고 상업신용만 고려하면 "… 대부자본과 산업자본이 동일하다"(같은 책: 480). 그래서 산업자본의 규모가 증가하면 이에 비례하여 환어음의 발행량, 즉 상업신용의 규모도 증가한다. 따

---

[1] C-M은 상품-화폐 교환으로 판매를 의미하고, M-C는 화폐-상품 교환으로 구매를 의미한다.

라서 재생산의 순환 내에 상업신용의 양이 많다는 것은 재생산 과정에 운용되고 있는 자본의 양이 많음을 의미한다(같은 책: 481). 그러므로 은행신용이 결합하여 가공신용 및 가공자본이 형성되지 않은, 재생산 과정에서 일어나는 순수한 상업신용의 증가는 산업자본의 증가와 일치한다는 뜻이 된다. 따라서 환어음으로 대표되는 상업신용은 기본적으로 상품자본의 대부이므로, 상업신용의 증가는 공급을 초과하는 수요의 증가가 아니기 때문에 상품 가치로부터 상품가격의 괴리에 의한 물가의 주기적 상승을 초래할 가능성은 없다고 할 수 있다.

그러나 은행신용은 상품의 공급을 초과하는 수요를 창조하면서 주기적인 물가 상승이 발생하는 데 기여할 수 있다. 마르크스가 당시 신용 팽창과 관련해서 중점적으로 분석했던 대부 가능한 화폐자본으로서 예금의 대출, 환어음의 재할인, 은행권 발행 등을 통한 은행신용의 증가는 경제 전반에 초과 수요를 만드는 요소로서 물가 상승의 원인이 된다.

먼저 이자 낳는 자본, 즉 대부 가능한 화폐자본의 원천이 되는 예금을 살펴보자. 인용문에서 보듯이 은행신용제도에서 동일한 화폐량이 몇 배의 대부자본을 나타낼 수 있기 때문에, 예금은 이미 몇 배의 대부자본일 수 있고, 예금 또한 몇 배의 대부자본으로 대부될 수 있다(마르크스, 2010c: 646). 이는 현대 주류 경제학이 신용 창조 과정 분석으로 도출한 신용 승수와 비슷한 의미라 할 수 있다. 산업 및 상업 활동을 위해 대출된 예금 가운데 상업신용을 초과하여 창조된 대부자본으로 인한 신용 팽창은 초과 수요를 만든다. 호황기 때는 자본가의 수입收入과 이윤과 다른 계급들의 소득이 증가하여 예금이 증가한다. 또한 호황기에는 유통 속도가 빠르고, 예금으로 환류하는 속도가 빠르기 때문에 통화량이 상대적으로 적어도 예금 액수가 커질 수 있다. 그래서 호황기에서는 은행신용이 제공될 수 있는 능력도 커진다.

"동일한 화폐량이 그 유통 속도에 따라 여러 번 구매를 수행할 수 있는 것과 마찬가지로, 그 화폐량은 또한 여러 번의 대부도 수행할 있다. … 화폐는 일련의 대부에서 여러 자본을 나타내는데…"(마르크스, 2010b: 646; 2015c: 606).

"… 예금은 단지 대중이 은행가에게 행한 대부의 특수한 이름이다. 동일한 화폐는 몇 배의 예금을 위한 수단으로 기능할 수 있다"(마르크스 2010b: 646; Marx, 2010c: 472).

"이런 신용제도에서는 모든 것이 두 배나 세 배로 불어나고 또 모든 것이 단순히 마음속 환상으로 전환되는데 이는 사람들이 궁극적으로 건실한 것이라고 믿는 '준비금'에도 마찬가지로 적용된다"(마르크스 2010b: 647).

당시 은행 예금의 많은 부분이 어음 중개인에게 대부되고 다시 산업자본 및 상업자본에 대부되어 실물 경제활동의 팽창에 사용되었다. 은행과 어음 중개인과 기능 자본가(산업 및 상업 자본가) 사이에 예금이 대부되는 방식은 어음 중개인에 의해 이미 할인된 환어음을 담보로 은행이 어음 중개인에게 예금을 대부하는 사실상 환어음의 재할인이었다(마르크스, 2010b: 678; 2015c: 637; Marx 2010c; 495). 이러한 환어음의 재할인은 초과 수요를 만들고 가공 신용을 형성하여 경제에 거품을 키운다. 그리고 가공 신용을 창조한 융통어음의 재할인과 무담보 신용을 통해서 예금이 대부되었다. 이러한 예금의 대부도 초과 수요를 창조하는데, 융통어음은 스스로 만들었던 가공 신용을 더욱 키우며, 무담보 신용도 그 자체로 가공 신용을 만들며, 경제에 거품을 더욱 키우게 된다(마르크스, 2010b: 678; 2015c: 637-8; Marx 2010c: 495).

은행신용 외에 주식 및 채권 발행도 화폐 신용의 형태로서 기능 자본가가 화폐자본을 조달하여 투자를 확대할 수 있는 방법이며, 초과 수요를 창조할 수 있다. 가공자본인 주식과 채권도 역시 경제의 거품을 키운다.

마르크스는 신용 팽창을 통한 가수요 창조에 상업자본이 중요한 역할을 한다고 밝히는데, 이는 주기적 물가 상승의 주요한 요인으로 볼 수 있다. 상업자본은 유통 과정의 단계를 담당하는 부문으로서 제한되어 있지만, 독립된 부문이기에 독립적인 운동을 하는데, 구매한 상품을 완전히 판매하기도 전에 신용제도를 통해 조달한 대규모 화폐자본[2]으로 구매를 반복할 수 있다(Marx, 2010c: 302-3). 그리고 재생산 과정은 엄청난 탄력성을 가지기에 자신의 한계를 넘어서까지 운영될 수 있다. 이 두 가지 점이 상호작용하면, "상품의 성질에서 나오는 C-M과 M-C의 분리 외에도 가공 수요가 창조된다"(같은 책: 303). 그리하여 상업자본은 "재생산 과정을 그 한계를 넘어서까지 밀고 나간다"(같은 책: 303). 이렇게 상업자본이 신용제도를 통해서 판매 없이 반복하는 구매 활동은 가수요를 형성하고 재생산 과정의 과열을 만들어서 물가를 상승시킬 수 있다.

---

2 환어음 할인을 포함함.

마르크스가 당시의 경기순환과 신용 순환의 관계를 파악한 결과, 경기 과열기에는 은행신용이 순수하게 증가하는 것으로 나타났다. 따라서 경기 과열기에 나타나는 은행신용 및 화폐 신용의 팽창을 통한 투자의 증가, 투기 현상, 가수요는 공급을 초과하는 수요 증가를 일으켜 상품가격이 상품 가치와 괴리하며 경제 전반적으로 그리고 주기적으로 물가가 상승하는 원인이라고 할 수 있다. 마르크스가 신용 팽창을 통한 물가의 상승을 직접적으로 분석하거나 서술하지 않았지만, 그가 행한 분석에서 확장하여 분석하고 종합해 보면 그렇게 결론 내릴 수 있다.

그리고 과열기에 이윤율의 급격한 저하로 과잉축적과 과잉생산이 표면화되며 경제 위기가 발생하면서 상품 수요가 전반적으로 감소하게 되어 상품가격이 전반적으로 그리고 주기적으로 하락하게 된다. 따라서 상품가격의 주기적 하락의 원인은 경기 상승기와 과열기에 과잉 축적과 과잉 생산이 형성된 후 위기 때 나타나는 신용 경색과 투자 및 수요의 급격한 감소이다.

그래서 주기적 물가 상승과 하락은 상품 가치로부터 괴리하여 상승한 가격이 상품 가치 아래로 급격하게 하락하며 가치와 가격이 주기적 균형을 찾는 과정이며 결과라고 할 수 있다.

이제는 마르크스가 물가의 주기적인 상승과 하락을 왜 신용제도에서 찾아야 한다고 했는지 이유를 알게 됐다. 그리고 리카도와 고전 정치경제학자들이 19세기 물가의 주기적 등락 원인을 찾지 못하고 제대로 설명하지 못한 이유도 온전하게 이해할 수 있게 됐다. 그들은 은행권을 신용화폐의 종류가 아니라 유통수단으로서 가치 증표로 이해했기에 은행권의 증가를 은행신용의 팽창으로 파악하지 못하고 가치 증표의 증가, 즉 화폐의 증가로 오해하여 화폐의 증가가 물가 상승의 원인이라는 잘못된 결론을 내렸던 것이다.

현대에는 자본주의 경제의 지속적 성장으로 엄청난 규모로 대부 가능한 화폐자본이 축적되어 있으며, 이 가운데 많은 부분이 은행 예금으로 예치되어 있다. 그만큼 신용 팽창의 규모도 크며 이로 인한 수요 증가로 물가 상승이 자주 발생할 가능성이 크다.

5) 임금과 물가

마르크스의 분석에 따르면 임금은 상품가격에 영향을

주지 않는다. 임금은 노동력이라는 특수한 상품의 가격이다. 노동력의 가치는 노동력의 생산비이며, 상품의 가치와 가격이 일치할 경우에는 노동력의 생산비는 임금재 품목의 가치로 결정된다. 따라서 가치의 상승이든 가치와 괴리한 가격의 상승이든 임금재의 가격이 상승하면 노동력의 가치가 상승하므로, 노동력의 가치는 다른 상품들의 가격이 상승한 후에 상승하게 된다. 노동력의 생산비 상승으로 노동력의 가치가 상승했는데 임금이 상승하지 않으면, 임금은 노동력 가치보다 하락하게 된다(마르크스, 1993: 107). 그러면 잉여가치율이 상승하여 다른 조건이 불변이면 이윤율 상승으로 이어진다. 이렇게 임금의 본질을 논리적으로 분석하면 임금의 상승은 물가 상승의 원인이 될 수 없다. 따라서 인플레이션율과 실업률이 역의 상관관계에 있다는 필립스 곡선은 타당하지 않다.

임금 상승이 물가 상승의 원인이 되려면 다른 모든 상품의 가격이 상승하지 않았는데, 임금이 우선 상승하여 물가의 연쇄적 상승으로 이어져야 한다. 임금 결정권을 자본가가 가지고 있는 이상, 상품가격이 상승하지 않았는데 선제적으로 임금을 인상해 주면서 이윤을 감소시킬 이유가 없다.

경기 과열기에 노동력의 부족으로 임금이 상승할 수 있는데, 주류 경제학뿐만 아니라 비주류 경제학에서도 이를 물가 상승의 원인으로 본다. 마르크스주의 경제학자인 이토와 라파비챠스(Itoh, M. & Lapavitsas, C., 1989: 131)도 그러한데, 그들은 이때의 임금 상승이 소비재 수요 증가를 일으켜서 주요 일차 생산물(원자재 및 에너지)의 가격 상승을 초래한다고 주장한다. 그러나 이 시기에는 자본의 축적이 과잉되어 있고, 자본 간 경쟁이 격화되어 있는 상황이기에 임금 상승분을 상품가격에 전가하기가 쉽지 않다. 따라서 고용률이 높아져 노동력이 부족하여 물가가 상승한다는 것은 타당하지 않은 논리이다. 앞서 설명했듯이 대전제는 임금은 다른 임금재 가격이 상승한 후에 상승하며, 경기 과열기에 상품가격이 상승하는 원인은 신용 팽창에 의한 가수요와 투기 및 투자의 증가로 인한 수요의 급증이다.

인플레이션율을 낮추기 위한 방법으로서 이자율 인상도 타당하지 않다. 경기가 좋을 때는 이자율이 높아도 영업활동을 위한 기업의 대출은 증가하며, 경기가 좋지 않을 때는 이자율이 낮아도 그러한 대출이 감소할 수 있다. 이자율 인상은 오히려 기업가 이윤을 감소시키기에, 이를 만회하기 위한 기업의 노동자 착취를 높이는 결과를 낳을 수 있다.

따라서 오늘날 자본주의에서 물가 등락의 원인을 찾으려면 총상품량의 변화, 총생산노동시간의 변화, 생산성 변화, 수요량의 변화, 본원통화 유통량의 변화, 신용 규모의 변화를 비교 분석해야 한다. 생산성이 상승하여 동일한 상품량을 생산하는 데 지출되는 총생산노동시간이 감소하면 상품가치가 하락하고, 물가가 하락한다. 생산성이 하락하여 동일한 상품량을 생산하는 데 지출되는 총생산노동시간이 증가하면 상품가치가 상승하고, 물가가 상승한다. 본원통화 유통량이 필요량보다 많으면 물가가 상승하고, 필요량보다 적으면 물가가 하락한다. 신용 팽창으로 초과 수요가 형성되면 물가가 상승하고, 신용의 수축은 반대로 물가의 하락을 초래할 수 있으며, 신용이 수요의 증감에 영향을 주지 않을 경우 물가 변동에 영향을 미치지 않을 수 있다.

5. 현실 인플레이션 분석 시도

1) 통계 자료를 이용한 미국 인플레이션 분석

카르케디와 로버츠는 전후 시기 미국의 인플레이션율 변화를 분석했는데, 그들은 그 변화가 "일차적으로는 총가치에서 차지하는 비율로서 노동과 자본, 즉 임금과 이윤의 결합된 상대적 구매력"에 "이차적으로는 통화 당국의 화폐 투입에 좌우된다고 생각한다"(Carchedi, G. & Roberts, M., 2022: 76). 이는 경제 전반에 일률적으로 적용되는 물가 상승률의 변화에 수요량(이윤+임금)의 변화와 화폐[1]의 변화가 얼마만큼 기여했는지는 분석할 수 있으나, 일부 품목의 상품 가치 또는 공급량 변화와 수요량 변화로 일어나는 불균등한 물가의 등락, 신용의 팽창과 수축에 의한 물가의 등락, 그리고 이러한 요인들에 의한 가치에서 괴리하는 가격의 변동을 분석에서 제외하는 한계가 있다고 생각한다. 그

---

1 카르케디와 로버츠는 M2를 화폐량 변수로 사용하고 있다.

리고 이들이 사용하는 통화량은 광의 통화(M2)이며, 이것에는 은행신용도 포함되기에, 신용량 변화에 의한 인플레이션도 통화량 변화에 의해 일어나는 것으로 해석하고, 신용량 변화에 의한 인플레이션과 통화량 변화에 의한 인플레이션을 구분하지 않는 문제가 있다.

경험적 통계를 가지고 자본주의 경제의 인플레이션율을 분석할 때, 유의할 점이 몇 가지 있다. 첫째, 자본주의에서는 자본의 초과 이윤 획득을 위한 기술 혁신 경쟁으로 생산성 상승이 일반적으로 일어나고, 이는 상품의 가치 하락을 일으키는 요소라는 점이다. 둘째, 이론상의 가정과 다르게 현실에서는 수요와 공급이 일치하지 않으며, 수요와 공급의 힘이 끊임없이 작용하여 상품의 가치로부터 가격을 괴리시켜 물가를 변동시킨다는 점이다. 물론 경쟁에 의해 공급과 수요는 장기적으로, 주기적으로 일치하게 되지만, 물가 변동을 분석할 때는 수급 불일치를 고려해야 한다. 그렇지 않으면 현실에서 일어나는 가치와 가격의 괴리에 의한 물가 변동을 분석하지 못하게 된다. 셋째, 신용제도가 투자와 소비의 변동에 영향을 주어서 공급과 수요의 변동에 영향을 끼칠 수 있다는 점이다. 기업은 신용제도를 활용하여 벌어들인 이윤보다 더 많은 투자를 할 수 있고, 노동자는 자신의 소득보다 더 많은 소비를 할 수 있다. 신용의 지속적 증가를 통한 투자와 소비의 증가는 인플레이션 상승이든 인플레이션 둔화든 물가 상승을 만성화하는 요소가 될 수 있다. 물론 이윤율이 궁극적으로 투자를 지배하지만, 신용제도는 이윤율이 투자에 대해 부과하는 한계를 어느 정도 벗어나게 하여 가치와 가격의 괴리를 만드는 데 영향을 줄 수 있다. 넷째, 현실의 경제는 세계경제로 묶여 있기 때문에 수입 원자재 가격과 세계 원유 가격의 변동이 한 국가의 물가에 영향을 줄 수 있다는 점이다. 다섯째, 신용제도를 통한 수요와 공급의 변동 크기와 수입 원자재 가격 및 유가 변동의 크기가 어느 수준 이상이면, 생산성 상승의 효과를 충분히 압도할 수도 있다는 점이다. 그리하여 수요와 공급의 변동과 수입 원자재 가격 및 유가 변동이 생산성 변동보다 물가 변동에 더 큰 영향력을 발휘할 수도 있다. 여섯째, 원자재와 중간재 수입의 규모가 큰 나라에서는 기축통화, 즉 달러에 대한 자국 통화의 환율이 상승하고, 그 상승이 상당 기간 이어질 경우 물가가 상승할 수 있다. 이 마지막 경우에는 우리나라가 해당한다.

1958년 이후 미국 소비자물가지수와 생산자물가지수의 변화율 변동을 유가, 원자재 수입가, 생산성, 투자, 개인소비

지출 등으로 된 독립변수의 변동으로 살펴보았다. 유가, 원자재 수입가, 투자, 개인소비지출은 물가에 양(+)의 효과를 가지며, 생산성은 음(-)의 효과를 가진다. 먼저 생산자물가지수 변화율의 변동을 유가, 원자재 수입가, 생산성, 투자의 변동으로 살펴보았다. 그러고 나서 생산자물가지수 변동과 소비자물가지수 변동의 방향 및 속도의 관계를 소비자 대출을 가지고 분석하면서 소비자 대출이 소비자물가지수에 미친 영향을 살펴보았다. 통계 데이터는 세인트루이스 연준에서 제공하는 것을 이용했으며, 원자재 수입가의 데이터는 1984년부터 존재하므로 1958~1983년의 분석에서는 원자재 수입가를 변수에서 제외했다. 각 변수의 변화율 평균은 세 시기로 구분해서 구하여 분석에 이용했다. 1958~1983년, 1984~2007년, 2008~2023년으로 시기를 구분했는데, 이는 경제위기 후 불황을 기점으로 새로운 기술, 생산 방법, 착취 방식이 적용되고, 자본주의 사회구성체가 변화할 수 있고, 세계경제의 작동 방식에도 변화가 일어날 수 있기 때문이다. 이중 하락double dip 직후인 1983년을 기점으로 시기를 나누려고 했으나, 수입 원자재 데이터가 1984년부터 존재하기에 편의상 이때부터 구분했다.

앞서 말했지만 자본주의 경제에서 일반적으로 생산성

은 상승한다. 미국에서도 1974년, 1979년, 1989년, 2011년, 2016년, 2022년 등 단지 여섯 해만 비금융 기업의 생산성이 하락했고, 나머지 해에는 느린 속도로라도 생산성이 상승했다. 그런데 생산자 물가의 경우, 생산성이 상승한 해 가운데 오직 10년 동안만 하락이 발생했고, 나머지 해에는 모두 상승했다. 소비자물가가 하락한 해는 오직 대침체에 빠졌던 2009년 한 해이다. 그래서 여기서 분석의 중점은 현대 미국 자본주의 경제에서는 왜 일반적으로 생산성이 향상되는데도 소비자물가는 상승하는가, 다시 말해 왜 인플레이션 상승과 인플레이션 둔화만 대체로 발생하고 디플레이션은 드문가이다.[2] 물가지수상승률의 3% 이상을 인플레이션 상승으로, 0~3% 미만을 인플레이션 둔화로, 0% 미만, 즉 하락을 디플레이션으로 구분하였다.

먼저 1958~1983년 생산자 물가의 변동을 살펴보면, 인플레이션이 14년 발생했다. 생산성이 하락한 해는 딱 두 번이었고, 나머지 해에는 생산성이 평균(2.2%) 이상 또는 미만으로 상승했다. 투자는 세 해만 하락했고 나머지 해에는 평균 이상 또는 미만으로 상승했다. 따라서 생산성 가속(평균 이상 상승에 사용, 여기서만 적용_저자)을 투자 가속 또는

---

[2] 일본에서는 1990년대 중반부터 2020년까지 소비자물가 하락, 즉 디플레이션이 10년 동안 발생했는데, 이례적으로 많다.

유가 가속이 아니면 유가 및 투자의 가속이 압도해 버리거나, 생산성 가속과 투자 하락을 유가 가속이 압도해 버리거나, 투자 하락을 생산성 둔화(평균 미만 상승에 사용, 여기서만 적용_저자)와 유가 둔화가 압도하면서 인플레이션이 발생했다. 인플레이션의 전형적인 조합일 수 있는 생산성 하락, 유가 가속, 투자 가속은 딱 한 번 나타났다.

    1984~2023년의 시기에는 수입 원자재 가격이 독립변수로 추가되었다. 생산자 물가 인플레이션이 가장 분명하게 일어날 수 있는 경우는 생산성이 하락하고, 투자가 가속하고, 원자재 수입가와 유가가 가속할 때이다. 여기에 해당하는 경우는 한 해만 나타났다. 가장 많이 일어난 것은 생산성 가속을 원자재 수입가, 유가, 투자의 가속이 압도하는 경우이다. 그 외 생산성이 둔화할 때, 원자재 수입가, 유가, 투자의 가속이 일어나는 경우, 생산성이 둔화하고 투자가 하락하더라도 원자재 수입가와 유가가 가속하는 경우, 생산성이 가속하더라도 투자가 둔화하고 원자재 가격과 유가가 가속하는 경우가 있었다. 정리하자면 자본주의에서 생산자 물가를 낮추는 생산성의 향상이 일반적으로 일어나지만, 유가 또는 원자재 수입가의 가속이나 투자의 가속이 발생하여 생산성 이득을 압도했다고 할 수 있다. 그리고

투자가 하락하더라도 그 효과를 유가 또는 원자재 수입가의 가속과 생산성 둔화가 압도할 수 있다.

생산자 물가 인플레이션 둔화의 경우 1958~1983년에는 생산성이 평균 이상 또는 미만으로 상승하고, 유가는 1.4퍼센트 이하로 상승하거나 하락하고, 투자는 평균 이상 또는 미만으로 상승하거나 하락하기도 했다. 따라서 생산성 향상으로 물가가 하락하지 않고 낮은 수준으로 상승할 정도로 투자와 유가가 변동했다고 할 수 있다.

1984~2023년에는 생산성이 평균 이상 또는 미만으로 상승하고, 유가 또는 원자재 가격은 하락하거나 평균 미만으로 상승하고, 투자가 가속하는 경우가 가장 많았다. 따라서 생산성, 유가, 원자재 가격의 물가 하락 압력을 투자 증가가 어느 정도 상쇄하면서 낮은 수준의 물가 상승이 일어나게 한 것으로 보인다.

투자를 증가시키는 데 중요한 역할을 한 비금융 기업의 부채(부채증권 및 은행 대출)는 1958년 이후 1991년, 2009년, 2010년을 제외하고는 모두 증가했다. 부채가 증가할 때 투자는 대부분 증가했다. 부채가 증가했는데 투자가 하락하거나 미미하게 증가한 해는 경제 위기 시기 또는 경기 둔화 시기였다. 이때 부채는 투자에 비해 기존 부채의 상환에 더 많이 사용되었다고 볼 수 있다. 따라서 기업 부채 증가를 통한 투자의 증가는 생산자 물가 상승에 기본적 역할을 했다고 할 수 있다.

생산자 물가 디플레이션의 경우 1958~1983년에는 딱 두 해에 나타났는데, 변수의 변동 조합은 ① 유가 하락, 생산성 가속, 투자 가속, ② 유가 둔화, 생산성 가속, 투자 둔화이다. ①은 유가 하락과 생산성 가속이 투자 가속을 압도했고, ②는 생산성 가속의 효과가 컸고, 이에 유가 둔화와 투자 둔화의 효과가 더해졌다고 할 수 있다.

1984~2023년에는 생산자 물가 디플레이션이 10년 동안 나타났다. 대체로 생산성이 평균 이상 또는 평균 미만으로 상승하고, 유가와 원자재 가격이 같이 하락하거나 둘 중 하나는 하락하고 다른 하나는 낮게 상승하면서 투자가 하락 또는 둔화 또는 가속하는 경우였다. 투자가 가속하는 경우라 하더라도 유가 및 원자재 가격과 생산성이 함께 물가 하락에 발휘하는 힘이 훨씬 커서 물가가 하락했다고 할 수 있다.

전체 관찰 시기에서 생산자 물가가 하락한 해는 12년인데, 이 가운데 2009년 딱 한 해만 소비자물가 디플레이션이 나타났고, 8년은 인플레이션 둔화가, 3년은 인플레이션 가속이 나타났다. 이렇게 소비자물가 인플레이션 가속 또는 둔화가 나타난 해 가운데 4년만 소비자 대출이 하락했다. 65년간 소비자 대출이 하락한 해는 8년이며, 소비자물가상승률이 생산자물가상승률보다 낮은 해는 17년이고, 나머지 해는 모두 소비자물가상승률이 생산자물가상승률보다 높았다. 따라서 대체로 생산자물가상승률과 격차를 만들면서 소비자물가의 만성적인 인플레이션 가속 또는 인플레이션 둔화를 일으키는 데 소비자 대출의 영향, 즉 신용제도의 역할이 크다고 할 수 있다. 소비자 대출의 증가가 소비지출의 증가로 이어져 수요를 키웠다고 할 수 있다. 소비자 대출 증가의 소비지출 증가 영향은 통계로 확인할 수 있다. 비농업 부문의 시간당 실질 보수가 하락한 해는 10년인데, 이 가운데 8년은 소비자 대출이 상승하며 명목 개인소비지출이 상승했고, 나머지 2년은 소비자 대출이 하락했지만 명목 개인소비지출이 상승했다. 명목 개인소비지출이 하락한 해는 딱 두 해인데, 모두 비농업 부문의 시간당 실질 보수가 상승했지만, 소비자 대출이 하락했다. 그래서 소비자 대출 증가는 소비수요를 증가시킴으로써 생산자 물가의 변동과 격차를 만들면서 소비자물가 인플레이션 가속 및 둔화에 기본적인 역할을 했다고 할 수 있다.

미국의 통계를 가지고 통화량과 물가의 관계를 보면 다음과 같다. 여기서는 본원통화 유통량을 통화량으로 사용하는데, 이는 유통 영역의 필요에 따라 증감한다고 할 수 있다. 앞서 밝혔듯이 통화량은 그 유통 속도가 일정할 때, 상품가격 총액 및 지불 총액에 의해 결정되며, 신용 및 지급결제제도에 의해 정산되는 것은 통화량에서 공제된다.

통계를 보면, 본원통화의 유통량이 많이 증가했다고 해서 소비자물가가 많이 상승하고, 본원통화의 유통량이 적게 증가했다고 해서 소비자물가가 적게 상승하지 않는다. 다시 말해 본원통화 유통량의 증감과 물가 등락이 별로 관계가 없다는 것을 통계에서 볼 수 있다. 왜냐하면 본원통화의 유통량은 상품가격이 불변이라고 가정할 때, 경제가 성장하여 상품 거래가 증가하거나 상품 유통 속도가 둔화 또는 하락하여 통화 유통 속도가 둔화 또는 하락할 때 증가하고, 경제가 수축하여 상품 거래가 감소하거나, 상품 유통 속도가 활발해져서 통화 유통 속도가 상승하면 감소하기 때문이다. 다시 말해 통화량은 상품 거래에서 종속변수이기 때문이다.

이를 가장 뚜렷하게 보여주는 시기는 대침체 이후로 2009년부터 2019년까지라고 할 수 있다. 2009년 양적완

미국 물가 변동 요인 변화율

연도	CPI	PPI	유가	원자재 수입가	생산성	비금융 기업부채	민간투자	소비자 대출	명목개인 소비지출	비농업 실질보수
1958	2.7	1.3	-2.6		2.3	6.1	-7.3	3.1		1.1
1959	0.9	0.2	-3.7		4.9	6.8	20.8	17.8		2.9
1960	1.5	0.1	-0.7		1.7	6.5	0.9	9.2	4.4	2.8
1961	1.1	-0.3	0.3		3.3	5.1	0.1	5.1	3.1	2.2
1962	1.2	0.2	0.3		4.4	6.8	12.0	9.5	6.2	2.8
1963	1.3	-0.2	-0.3		3.8	6.6	6.5	13.1	5.4	2.1
1964	1.3	0.2	-0.3		1.1	7.9	8.6	15.6	7.5	1.5
1965	1.6	2.0	-0.7		2.6	10.8	15.6	14.0	7.9	1.7
1966	3.0	3.2	0.7		2.0	11.9	11.2	6.1	8.3	2.9
1967	2.8	0.3	1.4		1.8	9.6	-1.0	7.2	5.6	2.9
1968	4.2	2.5	0.7		3.6	12.4	10.0	12.7	9.9	3.1
1969	5.4	4.0	5.1		0.1	11.7	10.6	8.4	8.4	1.3
1970	5.9	3.7	2.9		0.6	14.1	-2.0	4.3	7.1	1.0
1971	4.2	3.3	6.6		4.0	8.2	15.7	12.2	8.2	1.8
1972	3.3	4.4	0.0		2.1	10.5	15.9	16.5	9.7	3.1
1973	6.3	13.2	14.7		1.0	15.9	17.0	15.4	10.6	1.3
1974	11.0	18.8	76.6		-2.0	11.6	2.8	3.8	9.5	-1.4
1975	9.1	9.2	11.6		3.8	2.6	-6.3	2.2	10.8	1.1
1976	5.8	4.7	6.8		3.4	6.9	25.6	11.0	11.4	1.9
1977	6.5	6.1	4.6		2.7	12.0	22.7	19.2	11.0	1.6
1978	7.6	7.8	5.0		1.3	10.8	20.6	19.1	11.6	1.5
1979	11.3	12.6	40.4		-1.3	11.1	12.8	11.8	11.5	0.1
1980	13.5	14.1	70.8		1.4	7.9	-1.8	-2.8	10.4	-0.3
1981	10.4	9.2	47.2		3.0	12.9	19.1	1.9	10.5	0.0
1982	6.2	2.0	-10.2		1.9	8.8	-8.0	3.1	7.1	1.2
1983	3.2	1.2	-8.2		3.3	10.3	9.7	13.3	10.2	0.2
1984	4.4	2.4	-1.2	0.2	3.4	17.0	28.6	19.2	9.2	0.1
1985	3.5	-0.5	-6.9	-8.7	2.5	12.4	1.2	14.7	8.8	1.5
1986	1.9	-2.9	-48.1	2.9	3.1	14.0	2.3	8.1	6.4	3.9
1987	3.6	2.6	23.1	7.9	2.1	10.5	5.1	3.9	6.6	0.4
1988	4.1	4.0	-18.3	13.1	2.8	10.5	5.0	8.7	8.2	1.4
1989	4.8	5.0	26.1	2.3	-1.1	8.4	6.7	5.3	7.4	-1.4
1990	5.4	3.6	26.3	-2.4	1.1	5.3	-0.6	0.5	6.5	1.0
1991	4.2	0.2	-17.4	-2.2	2.4	-2.2	-4.9	-3.4	3.5	1.1
1992	3.0	0.6	-3.3	-0.3	3.7	0.7	7.3	-2.5	6.4	3.6
1993	3.0	1.5	-10.9	-0.7	0.8	5.7	9.3	8.8	6.1	-1.2
1994	2.6	1.3	-7.4	3.6	1.9	7.6	13.5	15.1	6.0	-1.1
1995	2.8	3.6	10.8	10.6	1.4	7.2	4.9	9.0	5.1	0.1
1996	2.9	2.3	26.3	-1.0	2.9	5.1	8.7	5.4	5.7	0.7
1997	2.3	-0.1	-6.7	-0.7	3.1	9.5	11.4	-1.5	5.6	1.7
1998	1.5	-2.5	-36.9	-5.4	3.2	12.3	8.8	-0.7	6.1	4.4
1999	2.2	0.8	43.1	-0.9	3.2	10.0	8.7	1.7	6.9	2.5
2000	3.4	5.8	71.7	9.0	3.1	7.8	8.0	9.7	7.7	3.5
2001	2.8	1.1	-18.3	-1.8	0.3	2.9	-5.1	3.4	4.5	1.5
2002	1.6	-2.3	3.1	-5.6	4.2	0.3	-0.2	6.4	3.9	0.7
2003	2.3	5.3	22.4	7.8	4.1	0.8	5.0	8.8	5.3	1.4
2004	2.7	6.2	33.4	12.3	3.9	4.5	12.5	4.0	6.3	1.8
2005	3.4	7.3	36.7	10.5	2.3	5.6	11.1	1.7	6.5	0.3
2006	3.2	4.7	18.7	7.1	1.8	7.4	6.6	4.9	5.8	0.6
2007	2.9	4.8	11.4	7.1	0.4	11.7	-1.0	8.2	5.1	1.3
2008	3.8	9.8	41.4	14.2	1.0	3.9	-7.3	9.7	3.1	-0.7
2009	-0.3	-8.8	-40.1	-16.6	1.1	-5.8	-22.1	-4.5	-1.6	1.6
2010	1.6	6.8	32.6	12.5	4.0	-1.6	12.2	32.6	3.7	0.0
2011	3.1	8.8	28.1	11.8	-0.1	5.2	7.7	-1.9	4.3	-1.0
2012	2.1	0.6	-1.3	-2.8	1.0	6.1	12.4	1.5	3.3	0.3
2013	1.5	0.6	1.6	-2.0	0.5	6.5	8.3	2.3	3.1	-0.4
2014	1.6	0.9	-9.0	-0.4	0.9	7.1	8.3	5.2	4.3	1.0
2015	0.1	-7.2	-49.2	-9.3	1.4	7.4	7.0	6.1	3.6	2.9
2016	1.3	-2.7	-13.7	-4.7	-0.4	3.2	-0.3	7.7	3.5	-0.1
2017	2.1	4.4	25.5	6.4	1.5	6.1	5.8	5.3	4.4	1.4
2018	2.4	4.3	27.8	6.4	1.8	7.3	7.4	4.9	4.8	1.0
2019	1.8	-1.0	-9.5	-2.5	1.5	5.7	4.5	6.1	3.6	2.0
2020	-2.7	-3.3	-33.7	2.0	3.3	9.5	-3.6	-4.1	-1.5	6.7
2021	4.7	17.0	78.6	24.9	3.7	6.1	12.5	8.6	13.3	0.0
2022	8.0	16.3	42.7	13.6	-1.0	5.5	14.1	11.0	9.8	-4.0
2023	4.1	-3.3	-19.0	-8.8	1.5	1.8	3.4	3.4	6.4	0.1

출처: 세인트루이스 연준

5. 현실 인플레이션 분석 시도

화로 본원통화 유통량도 9% 증가하기 시작하여 2019년까지 연평균 7% 증가했지만, 소비자물가상승률은 연평균 1.6%였다. 본원통화 유통량이 가장 많이 증가했던 해인 2009년에는 소비자물가가 0.4% 하락했다. 2009-2019년 본원통화 유통 속도 변화율을 보면 연평균 -3.0%이며, 물가가 하락한 2009년에는 -8.0%였다. 따라서 본원통화 유통량은 생산에 의해 당해 유통될 상품가격 총액이 결정되고 신용 거래에 의해 지불 총액이 결정되었을 때, 상품 유통 속도의 하락으로 화폐 유통 속도가 하락하면서 유통 영역에서 필요한 유통량이 증가하여 늘어났다고 할 수 있다.

코로나19 경제 대응책으로 양적완화를 시행한 2020년과 2021년 각각 본원통화 유통량 증가율이 11.7%, 11.2%였으나, 소비자물가상승률은 2020년에는 1.2%, 2021년에는 4.7%였다. 본원통화 유통량이 상대적으로 적게 4.7% 증가한 2022년에는 소비자물가상승률이 8.0%였다. 이 시기에도 본원통화 유통 속도가 하락하거나 둔화하였는데, 2020년에는 -1.2%였고, 2021년에는 5.4%로 증가하였으나 이는 기저효과가 컸던 것으로 보인다.

물론 본원통화량의 증감이 물가에 즉각 영향을 미치는 것이 아니고 1년 또는 2년 뒤에 영향이 나타나거나 장기간 누적되어 효과가 발생한다고 주장할 수도 있다. 인플레이션 상승기였던 1966~1982년에 본원통화 유통량 증가율이 연평균 8.0%였고 소비자물가상승률은 연평균 6.8%였는데, 상대적으로 인플레이션이 낮았던 1983~2008년은 본원통화 유통량 증가율이 연평균 6.9%로 앞 시기보다 고작 1.1%포인트 낮았으나 소비자물가상승률은 연평균 3.1%로 앞 시기의 절반에도 못 미쳤다. 1966~1982년은 17년이며, 1983~2008년은 26년이기에 통화량 증가는 장기간 누적되어 물가에 영향을 미친다는 주장도 옳지 않다는 것을 알 수 있다. 또한 2009~2019년 외에도 통화량이 상대적으로 크게 증가해도 다음 해와 그 다음 해에 물가가 오히려 둔화 또는 하락하거나 별로 영향을 미치지 않는 사례를 흔하게 볼 수 있다. 이로써 이제는 통계적으로도 현실적으로도 통화량의 증가가 물가 상승의 요인이라는 주장은 거짓으로 증명되었다.

통화량과 소비자물가상승률

연도	CPI 변화율	통화량 변화율	통화속도 변화율	경제성장률
1960	1.5	0.8	1.4	0.9
1961	1.1	1.4	6.0	6.4
1962	1.2	3.9	1.5	4.3
1963	1.2	5.1	1.6	5.2
1964	1.3	6.3	0.4	5.2
1965	1.6	5.7	4.7	8.5
1966	3.0	6.6	1.3	4.5
1967	2.8	5.3	0.5	2.7
1968	4.3	6.6	3.0	5.0
1969	5.5	6.6	0.6	2.0
1970	5.8	6.5	-1.5	-0.2
1971	4.3	7.2	2.0	4.4
1972	3.3	6.9	4.4	6.9
1973	6.2	8.8	2.2	4.0
1974	11.1	9.4	-1.0	-1.9
1975	9.1	9.2	0.9	2.6
1976	5.7	9.4	0.3	4.3
1977	6.5	9.2	2.5	5.0
1978	7.6	10.0	4.0	6.7
1979	11.3	9.9	0.1	1.3
1980	13.5	9.3	0.2	0.0
1981	10.3	7.8	2.0	1.3
1982	6.1	7.3	-3.3	-1.4
1983	3.2	8.9	2.4	7.9
1984	4.3	8.3	1.0	5.6
1985	3.5	6.7	0.4	4.2
1986	1.9	7.2	-2.2	2.9
1987	3.7	8.0	-0.5	4.5
1988	4.1	8.6	-0.7	3.8
1989	4.8	6.1	0.3	2.7
1990	5.4	7.9	-3.2	0.6
1991	4.2	9.3	-4.6	1.2
1992	3.0	7.2	-0.5	4.4
1993	3.0	9.9	-4.5	2.6
1994	2.6	10.4	-3.7	4.1
1995	2.8	7.5	-3.0	2.2
1996	2.9	4.4	1.8	4.4
1997	2.3	6.6	-0.4	4.5
1998	1.6	7.0	-1.0	4.9
1999	2.2	10.4	-3.5	4.8
2000	3.4	6.5	-1.0	2.9
2001	2.8	5.2	-2.9	0.2
2002	1.6	8.8	-4.6	2.0
2003	2.3	6.0	0.4	4.3
2004	2.7	5.2	1.2	3.4
2005	3.4	4.4	1.8	3.0
2006	3.2	4.2	1.1	2.6
2007	2.9	2.2	2.6	2.1
2008	3.8	2.6	-3.2	-2.5
2009	-0.4	9.0	-8.0	0.1
2010	1.6	4.2	0.2	2.8
2011	3.2	8.2	-4.4	1.5
2012	2.1	8.7	-4.7	1.6
2013	1.5	7.2	-2.3	3.0
2014	1.6	7.2	-2.8	2.7
2015	0.1	7.2	-4.0	2.1
2016	1.3	6.3	-2.6	2.2

2017	2.1	6.7	-1.7	3.0
2018	2.4	6.8	-2.2	2.1
2019	1.8	5.0	-0.3	3.2
2020	1.2	11.7	-10.0	-1.1
2021	4.7	11.2	0.6	5.4
2022	8.0	4.7	2.3	0.7
2023	4.1	2.3	3.4	3.1

출처: 세인트루이스 연준. 통화량과 통화속도의 기준은 본원통화임.
CPI는 계절적 영향을 제거한 것으로 노동통계국 통계와 수치에서 작은 차이가 있을 수 있음.

6. 힐퍼딩 화폐 이론 검토

1) 힐퍼딩 화폐 이론의 문제점

루돌프 힐퍼딩의 화폐 이론과 화폐수량설을 그의 유명한 저서 『금융자본론』으로 살펴보겠다.

힐퍼딩의 화폐론에 있는 가장 큰 문제는 첫째, 리카도의 화폐수량설을 계승하여 상품가치의 변동과 가격 변동의 관계를 과학적으로 분석할 수 없다는 점이다. 그는 상품의 가치가 사회적 필요노동시간에 의해 결정된다는 점은 받아들였지만, 금속 화폐의 자유주조제가 시행되는 경우에는 마르크스의 화폐론이 옳으나 국가가 금속 화폐의 자유주조를 금지하거나 지폐를 발행하여 화폐량을 통제하는 경우에는 리카도의 화폐수량설이 옳다며 마르크스의 화폐론을 부정했다. 힐퍼딩의 화폐수량설에 대해서는 그의 주장과 제시한 예들을 구체적으로 분석하며 뒤에서 살펴보겠다.

힐퍼딩의 두 번째 문제는 국가가 화폐 공급을 통제하면

자본주의 경제의 무정부성이 없어지고 계획경제와 같아진다는 잘못된 생각을 가지고 있다는 점이다. 힐퍼딩은 최저한도의 상품량은 반드시 거래되지 않을 수 없기에 자본주의 생산의 무정부성이 적용되지 않으며, 이러한 최저한도의 상품량 유통에 필요한 화폐량(지폐량)이 국가에 의해 발행되어 규제될 때 자본주의 상품 생산은 무정부성이 배제될 수 있다고 주장한다. 이에 대해 김창근은 "상품 생산과 자본주의 생산의 본질을 직접 무정부성에 찾았던 오류에 또 다른 오류, 즉 자본주의 국가를 사회주의의 계획자와 같은 '의식적으로 규제'하는 주체로 보는 오류가 결합"(김창근, 2012: 209)된 것이라고 올바르게 지적한다. 좀 더 정밀하게 분석하자면 힐퍼딩이 말하는 최저한도의 지폐량은 최저한도의 상품량을 유통하는 데 필요한 화폐량이며, 따라서 유통에 필요한 최저한도의 지폐량으로 매개하여 유통되는 최저한도의 상품량은 중앙계획 당국이 계획해서 생산하고 분배하는 상품량이 아니라 자본주의 기업들이 무정부적으로 생산한 상품량의 부분일 뿐이다. 그러므로 유통에 필요한 최저한도의 지폐량과 이것으로 매개하여 유통되는 상품량은 의식적인 규제와 전혀 상관없으며, 계획경제라는 개념과도 아무런 관계가 없다. 단순히 지폐를 국가가 발행했을 뿐이며, 화폐를 국가가 발행하고 조절한다고 하여 계획경제가 되는 것이 아니다.

힐퍼딩의 세 번째 문제는 화폐 필연성에 대한 잘못된 이해이다. 그는 "화폐 필연성은 생산자들 사이의 사회적 관계가 그들의 생산물의 가격으로 표현된다는 사실에 기인한다"(힐퍼딩, 1993: 35)라고 진술한다. 가격이란 화폐로 표현된 상품의 가치이며, 화폐 발생의 결과이다. 따라서 그의 진술은 화폐 필연성을 논증하는 게 아니라 화폐 발생의 결과로 가격이 존재하기에 화폐가 생겨날 수밖에 없었다는 순환논리일 뿐이다. 힐퍼딩은 또한 "화폐를 통해, 즉 스스로 가치를 가지는 하나의 재료를 통해 교환을 매개할 필연성은 상품 생산 사회의 무정부성에서 기인한다"(같은 책: 35)라면서, 화폐가 교환을 매개할 필연성을 상품 생산 사회의 무정부성에서 찾는다. 그러나 상품 생산의 무정부성과 화폐 발생의 필연성 또는 화폐가 유통수단으로 기능하는 필연성은 무관한 문제이다. 서두에서 설명했지만, 화폐 발생의 필연성은 간단히 요약하면 상품이 가지고 있는 이중성, 즉 사용가치와 가치라는 이중적 측면으로 인해 교환이 발전함에 따라 상품의 가치가 동일하고 균질적인 하나의 물건으로 비교 가능하게 표현되어야 하는 필연성, 즉 가치의 성질이 하나의 물건에 고정되는 필연성, 곧 가치가 독립적 형태를 갖는 필연성이다.

네 번째 문제는 가치 증표에 대한 잘못된 이해이다. 힐퍼딩은 최저한도의 상품이 거래될 수밖에 없는 이유로 무정부적 생산의 작용을 배제하기에 "금을 단순한 가치 상징으로 대체할 수 있는 가능성"이 생긴다고 주장하는데, 최저한도의 상품량이라는 조건과 가치 증표의 발생은 어떤 연관성도 없다. 가치 증표는 앞서 마르크스의 분석에서 소개했듯이 금속 화폐의 유통에서 직접 생겨나는 것이다. 주화가 유통 과정에서 마모되어 실제 함량과 명목적 함량이 괴리되면서 주화는 금속 함량의 상징적 존재로 전환되어 금속 화폐의 주화로서 기능은 금속 화폐의 무게와 완전히 무관하게 되기에 지폐가 가치 증표로서 귀금속 대신 주화로서 기능하게 된다. 그리고 유통 영역에서 일어나는 상품 탈바꿈의 지속적 과정에서 유통수단으로서 기능하는 귀금속 화폐는 상품 탈바꿈이 일어날 때에 일시적으로만 교환가치의 독립체로 표현되기에 귀금속은 가치 증표로 대체될 수 있다. 힐퍼딩은 금속 본위제에서 가치 증표인 지폐가 귀금속을 대표하는 것이 아니라 상품을 직접 대표하며, 귀금속이나 상품만큼의 가치를 가진다는 터무니없는 주장을 한다. 이러한 주장은 뒤에서 분석하여 논박할 것이다.

다섯 번째 문제는 지불수단으로서 화폐와 신용화폐를 잘못 이해하고 있다는 것이다. 힐퍼딩은 "만약 각종의 구매와 판매가 동일한 사람들 사이에 이루어진다면, 그것들은 서로 상쇄될 수 있으며, 차액만 화폐로 지불된다. 이 경우 화폐는 상징에 불과하며, 대체될 수 있다"(같은 책: 74-75)라며 신용화폐가 마치 가치 증표인 것처럼 그리고 가치 증표가 마치 화폐의 지불수단의 기능에서 생겨난 것처럼 서술하고 있다. 환어음이나 은행권 같은 신용화폐는 화폐의 지불수단으로서 기능에서 생겨난 것이며, 지불수단 기능은 상품 거래의 신용관계에 기인하는 것이다. 힐퍼딩은 국가 지폐와 환어음과 같은 신용화폐의 차이를 사회적 보증과 사적 보증의 차이 또는 사회적 의무와 사적 의무의 차이라는, 본질에서 벗어난 그리고 크게 무관해 보이는 개념으로 설명한다(같은 책: 75-76). 마르크스의 관점에서 국가 지폐와 신용화폐의 차이는 전자는 화폐이고, 후자는 민법상의 화폐 청구권이라는 점이다. 또한 국가 지폐와 어음이 동일한 형태의 가치 하락을 겪지 않은 이유도 사회적 의무와 사적 의무라는 차이 때문이 아니다. 가치 증표로서 국가 지폐가 표현하는 가치 크기의 변동은 본위 화폐 재료의 가치 변동, 가치 증표의 양과 가치 증표가 대신하는 본위 화폐 양의 상대적 변화에 기초한다. 반면에 환어음 같은 신용화폐는 신용이기에 그것의 가치 하락은 기본적으로 신용의 상태에 영향을 주는 경제 상태에 의해서이다. 경제의 상태가 탄탄할 때는 어음이 액면가대로 시장에서 거래될 수 있을 것이고, 경제 위기 또는 신용 경색 상황에서는 가치 하락을 겪게 될 것이다. 그리고 어음의 가치 하락은 힐퍼딩의 주장처럼 일부의 불건전한 회사의 것에서만 발생할 수 있는 게 아니라 위기 시기에는 많은 회사의 어음이 가치 하락을 겪게 될 것이다.

여섯 번째 문제는 화폐량에 신용화폐를 포함시키는 것이다. 앞서 말했듯이 신용화폐의 공급량은 신용/채무의 공급량이지 화폐의 공급량이 아니다.

2) 힐퍼딩의 화폐수량설 검토

이제부터 힐퍼딩이 자신의 화폐수량설을 주장하기 위해 제시한 예들을 차례차례 살펴보자. 화폐 재료의 가치와 화폐 유통 속도가 일정하게 주어져 있을 때, 화폐 유통량은 상품의 총가격에 의해 결정되고 가치 증표로서 지폐는 이것이 대신하는 본위 화폐의 양 또는 본위 화폐 재료의 가치량을 대표하는데, 힐퍼딩은 화폐가 유통 영역의 필요에 따라 조절되지 못하면 이러한 원리가 파괴된다고, 즉 "지폐의 명목가치와 현실적 가치 사이에 괴리가 생"(힐퍼딩, 1993: 41)긴다며 아래와 같이 잘못된 주장을 펼치면서 화폐수량설로서 화폐 이론을 전개한다.

"유통량이 늘 변동하므로 지폐와 나란히 금화가 항상 유통에 들어가고 나올 수 있어야만 한다. 이것이 가능하지 않다면, 지폐의 명목가치와 현실적 가치 사이에 괴리가 생기며 지폐의 가치 하락이 야기된다"(같은 책).

힐퍼딩(같은 책)은 이 주장의 근거로 삼기 위해 순수 지폐제도를 상정한다. 그는 총유통의 도식 C(상품 500만 마르크)-M(화폐 500만 마르크)-C(상품 500만 마르크)를 보여주며, 유통 영역에서 필요한 화폐량이 500만 마르크(금 36.56파운드에 해당)라고 제시한다. 이는 가격 총액이 1천만 마르크인 상품량을 유통하기 위해 금화 500만 마르크가 필요하다는 뜻이다. 힐퍼딩이 제시한 조건을 마르크스가 정리한 화폐 유통량 결정 공식에 대입하면 다음과 같다. 공식이 $M = \frac{P}{V}$[1]이므로, 1천만 마르크/2=500만 마르크이다. 이에 따르면 화폐 유통 속도(V)는 2, 즉 주어진 기간에 각 화폐가 상품 유통을 두 번 매개하기에, 상품가격 총액(P)이 1천만 마르크인 상품량을 유통하기 위해서는 500만 마르크의 화폐(M)가 필요하다는 뜻이 된다. 이러한 처음 조건에서 힐퍼딩은 500만 마르크의 금화를 가치 증표인 지폐로 대체하고, 상품가격 총액이 절반으로, 즉 500만 마르크로 줄어들면 지폐 가치는 250만 마르크로 저하한다고 주장한다(같은 책: 42). 그러면서 아래와 같은 주장을 편다.

> "… 순수지폐법화제도하에서 유통 속도가 불변일 때, 지폐의 가치는 유통되는 상품들의 가격 합계에 의해 규정된다. 이 경우 지폐의 가치는 금의 가치와 아주 무관하며, 재화의 가치를 직접적으로 반영하는데, 이는 지폐의 전체량이 금과 같은 가치를 대표한다는 법칙 즉, '$\frac{상품가격총액}{유통되는 동일명칭 화폐의 수}$'에 따른 것이다. 지폐는 원래의 가치와 비교할 때 가치가 하락하거나 상승할 수 있다는 점이 여기서 분명해진다"(같은 책).

인용문에서 힐퍼딩의 핵심적 주장 두 가지 ① "순수지

---

[1] M=화폐량, P=상품가격 총액, V=화폐 유통 속도.

폐법화제도하에서는 유통 속도가 불변일 때 지폐의 가치는 유통되는 상품들의 가격 합계에 의해 규정된다. 이 경우 지폐의 가치는 금의 가치와 아주 무관하며, 재화의 가치를 직접 반영"한다와 ② "지폐는 원래의 가치와 비교할 때 가치가 하락하거나 상승할 수 있다"는 것은 옳은가?

이를 살펴보기 위해 힐퍼딩이 제시한 예에 따라 필요한 화폐 유통량을 계산해 보자. 상품가격 총액이 500만 마르크이고 화폐 유통 속도와 화폐 재료 가치가 불변이라고 가정한다면, 유통 영역에서 필요한 화폐량은 500만 마르크/2=250만 마르크이다. 따라서 500만 마르크의 상품량을 유통하는 데 필요한 화폐량은 본위 화폐인 금화 250만 마르크이다. 그러나 힐퍼딩이 제시한 조건대로 500만 마르크의 지폐, 즉 가치 증표를 투입한다면, 이 지폐의 유통량은 금화 250만 마르크 또는 이에 해당하는 금의 양만 대표하게 된다. 그리하여 상품가격은 2배로 상승하게 된다. 이것이 바로 힐퍼딩이 주장하는 지폐 가치 하락의 본질이다. 그래서 힐퍼딩의 주장과 다르게 가치 증표인 지폐가 표현하는 가치량은 지폐가 대신하는 금화의 양에 의해 결정된다. 그리고 유통에 필요한 금화의 양은 상품가격 총액에 의해 결정된다. 더욱이 이러한 결정에 앞서서 화폐 재료인 금과 상품의 가치는 이것들을 생산하는 데 들어간 노동시간에 의해 결정되고 상품의 가격은 상품의 가치와 동일한 가치를 지니는 금의 양, 즉 화폐량으로 표현한 것이다. 따라서 상품가격이 화폐를 평가하는 게 아니라 화폐가 상품가격을 평가한다. 그리고 두 번째 중요한 문제에 대해서 말하자면, 힐퍼딩이 든 예는 자신이 주장하는 것과 같은 순수지폐법화 제도가 아니며, 본위 화폐가 금이고 지폐는 금의 가치 증표로 사용되는 금 본위제이다. 가치 증표의 가격 현상에 대한 분석은 필자가 수행한 것처럼 금속 화폐의 유통 법칙과 가치 증표로서 지폐의 특수한 유통 법칙의 결합을 고려해야 하는 것으로, 마르크스가 『자본론』 1권과 『정치경제학 비판을 위하여』에서 이미 설명한 것이다. 세 번째 문제에 대해서 말하자면, 인용문에서 힐퍼딩이 제시한 공식은 일정한 기간에 주어진 유통 속도로 동일 명칭의 지폐 한 장이 매개하는 상품가격의 총계를 나타낼 뿐이어서, 지폐 한 장이 표현하는 상품가격과도 무관하여 그의 주장에 대한 근거가 될 수 없다. 다시 말해 지폐가 주어진 기간에 두 번 회전했으면 지폐 한 장이 두 번 회전하여 매개한 상품가격의 총계를 나타낸다.

정리하자면, 힐퍼딩이 말하는 "지폐의 가치 하락"(같은

책: 41)은 지폐가 대신하는 금화량보다 지폐량이 상대적으로 많아져서 지폐가 이전보다 상대적으로 적은 금화량을 대표하여 상품가격이 상승한 현상이며, '지폐의 가치 상승'은 지폐가 대신하는 금화량보다 지폐량이 상대적으로 적어져서 지폐가 이전보다 상대적으로 많은 금화량을 대표하여 상품가격이 하락한 현상을 가리킨다. 그러므로 가치 증표로서 지폐는 금의 가치를 대표할 뿐이다.

유통수단으로서 화폐량 결정의 법칙을 좀 더 이해할 수 있도록 힐퍼딩이 제시한 예와 반대의 경우를 살펴보자. 상품가격 총액이 2배로 증가하여 2천만 마르크가 되고 화폐 재료 가치와 화폐 유통 속도가 불변일 경우, 유통 영역에서 필요한 화폐량은 2천만 마르크/2=1천만 마르크가 된다. 여기서 기준이 되는 화폐는 당연히 힐퍼딩이 전제하고 있는 본위 화폐인 금화이며, 가치 증표로서 지폐는 이것이 대신하는 금화량 또는 이에 해당하는 금의 양만큼의 가치를 표현할 뿐이다. 처음 예에서 500만 마르크의 지폐가 유통 영역에 있었기 때문에 이렇게 상품가격 총액이 2천만 마르크가 되었을 때는 500만 마르크를 더 채워 주면 된다. 만약 지폐를 보충하지 않게 된다면 500만 마르크의 지폐는 1천만 마르크의 금화 또는 그만큼의 금의 양을 대표하게 되므로, 상품가격은 절반으로 하락하게 된다.

힐퍼딩은 한 발 더 나아가서 화폐의 자유주조가 금지되면 은 같은 귀금속 화폐도 가치 증표가 되어 주화로서 은의 가치와 금속으로서 은의 가치가 괴리한다고 주장한다(힐퍼딩, 1993: 42). 이에 대한 근거를 제시하기 위해 그는 상품가격 총액이 금화 500만 마르크로부터 600만 마르크로 증가할 때 유통되는 은화의 가치가 550만 마르크에 불과하다면, 유통하는 은화의 가치는 그 합계가 600만 마르크에 달할 때까지 등귀한다고 주장한다(같은 책).

이는 리카도와 같은 해석인데, 힐퍼딩 자신도 그렇게 인정한다(같은 책: 58-59). 리카도는 화폐의 가치와 화폐 재료의 가치가 일치하는 적절한 화폐량이 있으며, 유통 영역에서 화폐량이 그 적절한 양보다 줄어들면 화폐의 가치가 화폐 재료의 가치보다 상승하여 상품가격이 하락하고, 적절한 양보다 늘어나면 화폐 가치가 하락하고 상품가격은 상승한다고 주장했다(Marx, 2010a: 402-403). 힐퍼딩과 리카도의 차이는 리카도는 화폐 재료로 사용되는 모든 금속이 유통된다는 전제를 하고 있고, 힐퍼딩은 국가가 화폐 자유주조를 금지하고 있다는 것인데, 논리는 동일하다. 힐퍼딩은 화폐 자유주조를 금지하면 리카도의 주장이 맞다고 하지만(힐퍼딩, 1993: 58), 이는 틀린 주장이다.

여기서 힐퍼딩이 제시한 조건의 첫 번째 문제점은 은 본위제 사회에 필요한 화폐 유통량과 상품가격의 등락을 논의하면서 금을 가치척도와 가격의 도량기준으로 삼고 있다는 점이다. 이는 금은 복본위제에서 금화로 표현된 상품가격 총액이 변동하거나 은의 가치가 변동할 때 필요한 은화 유통량의 변화를 분석하기 위한 조건이다. 따라서 은 본위제 사회에서 필요한 화폐 유통량 분석에는 사용할 수 없는 조건이다. 그래서 금화 마르크와 은화 길더의 법정 교환 비율이 3마르크=$1\frac{1}{2}$길더[2]라고 가정하고 힐퍼딩이 제시한 조건을 은 본위제 사회를 위한 조건으로 재구성해 보자. 처음에 상품가격 총액이 250만 길더(=500만 마르크)였고 화폐 유통 속도가 1이어서, 유통 영역에서 필요한 화폐량은 250만 길더(=500만 마르크)이다. 이를 화폐 유통량 계산 공식에 넣으면 250만 길더/1=250만 길더이다. 여기서 제시한 예와 앞서 제시한 예의 또 하나의 차이점은 화폐 유통 속도가 2에서 1로 줄었다는 것이다. 이후 상품가격 총액이 300만 길더(=600만 마르크)로 증가하면 유통 영역에서 필요한 화폐량은 300만 길더/1=300만 길더(=600만 마르크)이다. 그런

2 당시의 교환 비율을 참고함.

데 힐퍼딩이 추가한 조건처럼 은의 가치가 $\frac{11}{12}$(=550만/600만)로 하락한다면, 상품가격은 $\frac{1}{12}$만큼 상승하게 되어 상품가격 총액은 325만 길더가 되고, 유통 영역에서 필요한 화폐량은 325만 길더/1=325만 길더로 변경된다. 이때 추가로 필요한 화폐 유통량은 정부가 공급하거나 민간의 축장화폐에서 공급하게 될 것이다. 이렇게 가치척도로서 화폐 재료의 가치가 하락하여 전반적 상품가격의 상승이 발생하는 경우에 대해서는 마르크스가 이미 『자본론』에서 설명했다.

그런데 힐퍼딩이 덧붙여 제시하는 것처럼 유통 영역에 25만 길더(=50만 마르크)가 부족하다는 것은 어떤 의미이며 만약 이런 일이 일어난다면 어떤 사태가 생기는가? 25만 길더가 추가로 공급되지 않는다는 것은 첫째, 그만큼에 해당하는 상품 수요가 감소한 상황을 의미할 수 있다. 판매자들이 수요가 감소한 상황에서 상품을 모두 판매하려면 상승한 상품가격대로 받지 못하고 상품가격을 인하해야 하기 때문에 전체 상품의 실현된 가격이 300만 길더가 되고 상품 가치의 손실이 발생한다. 따라서 이는 화폐의 가치가 상품의 가치량에 의해 결정되거나 화폐량이 상품의 가격을 결정한다는 의미가 아니며, 유통에 필요한 화폐량은 상품가격 총액에 의해 결정되지만, 상품 수요의 증감에 의해 가격이 등락한다는 것을 뜻한다.

또는 유통수단으로서 화폐 유통량이 상승한 가격만큼 증가하지 않았더라도 수요가 줄지 않은 상황을 고려해 볼 수 있다. 그런 경우에는 김창근(2012: 211)[3]도 주장하듯이 주조되지 않은 은괴가 유통수단으로 사용될 수 있다. 그러면 추가로 필요한 25만 길더만큼의 은괴가 유통되어 상승한 상품가격을 실현하게 된다. 수요가 감소하지 않았을 때 가능한 또 하나의 경우는 환어음 또는 은행권 같은 신용화폐가 유통에 사용되어 상품이 상승한 상품가격으로 판매될 수 있다는 것이다. 물론 신용화폐는 신용/채무이기 때문에 나중에 은화 또는 은괴로 결제되어야 상품가격의 실현이 완료될 수 있다.

따라서 은의 가치가 하락하고 그리하여 금으로 표현된 은의 상대가격이 하락하지만 상품가격은 상승하지 않고 오히려 하락한 현상, 힐퍼딩이 말하는 "주화로서 은의 가치가 그 금속 가치보다 높아진 현상"은 은의 생산성 향상으로 은의 가치가 하락한 상황에서 상품 생산성의 증가로 상품의 가치가 더 많이 하락한 상황이거나 상품 생산성의 증가로

---

3 김창근이 내세우는 "값비싸져서 구하기 어려워진 은화로 거래하는 대신에 더 싼 가치를 가지고 있는 은으로 상품들을 구입함으로써 유통 비용을 절약할 수 있기 때문이"라는 이유는 문제가 있는데, 은화와 은의 가치는 괴리될 수 없기 때문이다.

상품의 가치가 하락한 상황에 상품 수요도 감소하여 물가의 하락이 가중된 상황 둘 중에 하나일 것이다. 힐퍼딩은 상품 생산성 변동에 대해서는 전혀 고려하지 않으면서 화폐 유통량 결정에 사용하는 공식을 거꾸로 상품 가격 결정을 위해서 사용하기에 그리고 이 공식과 전혀 상관없이 결정되는 화폐 가치 결정을 위해서 사용하기에 오류를 범한다. 또한 그는 당시 시대가 장기 불황기여서 산업 수요의 둔화를 겪고 있다는 시대적 상황을 고려하지 않고 있다. 오히려 힐퍼딩은 외환시장의 환율을 화폐의 구매력으로서 화폐 가치의 지표로 삼는 잘못을 저지른다. 뒤에서 설명하지만, 환율은 화폐의 구매력으로서 화폐의 가치의 지표로 삼기에 부적절하다.

힐퍼딩의 이런 주장에 대해 비판적으로 검토하고 있는 김창근(2012: 210)은 힐퍼딩의 주장이 마르크스의 가치론에 근본적인 문제를 제기하지 않는다고 일축하지만 "주화 주조 금지 때문에, 은화의 가치가 은의 가치로부터 괴리된다"는 점을 받아들이며, 그런 현상을 국가의 개입으로 화폐 공급이 제약되어 생기는 "일종의 인위적인 '독점가격'"[4](같은

---

[4] 김창근(2012)은 은의 독점가격이란 표현이 스스로 올바르지 않다고 밝히면서도 마르크스의 가치론 체계에서 상품의 독점가격 현상이 허용되기 때문에 화폐에도 독점가격이 생긴 것으로 해석하는데, 같은 중량의 화폐의 가치와 화폐 재료의 가치는 괴리될 수 없으므로 잘못된 주장이다.

책: 211)이라는 잘못된 해석을 내놓으며 리카도에 뿌리를 두고 있는 힐퍼딩의 화폐수량설의 중요한 논리를 비판하지 못하는 한계를 보인다.

힐퍼딩은 자신이 주장하는 화폐수량설의 현실적 근거를 오스트리아에서 찾고 있다. 그는 1859년 이래 오스트리아에 존재했던 불환지폐가 유통 영역에서 필요한 것보다 많이 발행되어 은화 길더가 지폐 길더에 대해 할증(프리미엄)을 가지는 현상이 일어났다면서 지폐 "1길더의 구매력이 더 이상 은의 가치에 의존하지 않고, 총 상품 유통량의 가치에 의존했다"며, "총 상품 유통량의 가치에 의해 총화폐량의 유효성이 결정되었다"고 거듭 주장한다(힐퍼딩, 1993: p. 43_독일어 원본에 근거하여 수정함_인용자).

힐퍼딩은 이러한 주장을 증명하기 위해 다음과 같이 조건을 제시한다. 총 상품 유통량의 가치가 5억 길더이고 지폐 유통량은 6억 길더여서, 이제는 지폐 1길더로 이전의 5/6길더만큼의 상품을 구매하게 된다고 한다(같은 책: 43-44). 이리하여 은화 길더는 상품이 되어 유통 영역에서 퇴출되는데, 왜냐하면 은화 1길더를 수출하면 지폐 6/5길더를 얻을 수 있고, 이것으로 은화 길더로 진 빚을 갚으면 이득이 되기 때문이라고 설명한다. 다시 말해 1/5길더만큼 빚을 더 갚을 수 있기 때문이다(같은 책: 43-44).

여기서 힐퍼딩은 상품가격이 화폐에 의해 평가된다는 사실, 유통수단으로서 화폐 유통량은 상품가격 총액에 의해 결정된다는 사실, 지폐는 은화의 가치 증표라는 사실을 몰각하고 있다. 상품가격 총액이 5억 길더라면, 화폐 유통속도를 1로 가정하고 있기에 유통 영역에 필요한 은화의 양도 5억 길더이다. 은화 대신에 가치 증표인 지폐를 유통시키려면 액면가 5억 길더만큼의 지폐가 필요하다. 그런데 지폐 6억 길더가 유통된다면 지폐는 은화 5억 길더 또는 이에 해당하는 은의 양을 대표할 뿐이다. 그래서 이전에는 은화와 지폐의 비가 1:1이었다면 이제는 5:6이 되어 지폐는 은화의 5/6만 대표하게 된다. 그리하여 상품가격이 20% 상승하게 되고, 예전에는 1길더였던 상품의 가격이 이제는 6/5 길더가 된다. 마르크스는 이를 가격의 도량기준이 변하는 효과가 발생하는 것과 같다고 설명한다. 은의 가치도 불변이고 상품의 가치도 불변이지만, 가치 증표로서 지폐가 유통에서 필요한 은화의 양보다 많이 유통되어 지폐는 이전보다 은화의 양을 상대적으로 적게 대표하게 되어 지폐로 표현되는 상품가격이 상승하는 결과로 이어지는 것이다. 정리하자면 은을 포함해 모든 상품의 가치는 불변이며 모든 상품 가치 간 비도 그대로인데, 지폐로 표현된 상품가격만 상승할 뿐이다. 은화가 은 상품으로 해외에 수출된다면, 당연히 지폐의 과다 발행으로 이전보다 지폐가 은의 가치를 적게 대표하기에 판매 대가로 5:6의 비로 지폐를 더 많이 받게 된다. 이것이 화폐의 구매력이 화폐 재료의 가치에 의존하지 않고 총 상품 유통량의 가치에 의존한다고 주장하는 근거가 될 수 없다. 여기서 은화 1길더 가치의 크기는 1길더에 해당하는 무게의 은을 생산하는 데 필요한 노동시간으로 결정된다. 그러나 지폐 1길더가 표현하는 가치는 이것이 대신하는 은의 양에 의해 결정된다. 그래서 힐퍼딩이 말하는 지폐 1길더의 '구매력'은 지폐 1길더가 대표하는 은화 5/6길더에 해당하는 은의 양에 의해 결정된다. 힐퍼딩이 주장하는 지폐의 과다 발행으로 은화 길더가 지폐 길더에 대해 프리미엄을 가지게 되었다는 주장의 진실은 지폐가 유통 영역에서 필요한 은화의 양보다 많이 발행되어 은화의 양을 상대적으로 적게 대표하게 되었다는 것이며, 그리하여 적게 대표하는 비율만큼 상품가격이 상승하게 되었다는 것이다. 그러므로 지폐는 더 이상 은의 가치에 의존하지 않는다고 주장하면서 내세우는 "지폐의 가치가 유통하는 상품 총량의 가치에 의해 결정된다" 또는 "총 상품 유통량의 가치에 의해 총 화폐량의 유효성이 결정되었다"(힐퍼딩, 1993: 43)라는 힐퍼딩의 주장은 거짓이며, 마르크스가 정리한 가치론과 화폐론이 잘 적용됨을 알 수 있다. 힐퍼딩이 추가로 제시하는 예를 계속해서 살펴보자.

> "여기에서 은화 길더와 지폐 길더 사이의 비율은 두 가지 방식으로 변화할 수 있다. 첫째, 은화 길더의 가치에 변동이 없는 경우, 상품 유통의 발전에 따라 상품 거래가 증가한다면 그 비율은 변할 수 있다. 지폐가 새로 발행되지 않는다면, 총 상품 유통량의 거래에 6억 길더가 필요하게 되자마자 지폐 길더는 이전의 가치를 회복할 수 있다"(같은 책: 44).

인용문에서 힐퍼딩이 제시하는 첫 번째 조건을 화폐 유통량 결정 방정식에 따라 계산해 보자. 화폐 유통 속도와 화폐 재료의 가치는 그대로이고 상품가격 총액은 은화 6억 길더이기에, 6억 길더/1=6억 길더이므로, 유통 영역에서 은화 6억 길더가 필요하다. 따라서 은화 6억 길더를 대신하기 위해 지폐 6억 길더가 필요하다. 이는 지폐 길더의 가치가 5/6길더로 떨어졌다가 1길더로 회복한 게 아니라 이전에는 6억 길더의 지폐가 5억 길더의 은화 또는 이에 해당하는 은의 양을 대표했으나 이제는 6억 길더의 지폐가 6억 길더의 은화 또는 이에 해당하는 은의 양을 대표하게 된 것이다. 따라서 상품가격 총액에 의해 가치 증표가 대표하는 가치 크기가 결정되는 게 아니라 가치 증표가 대신하는 금속 화폐의 양에 의해 가치 증표가 대표하는 가치 크기가 결정된다.

"총상품량이 증가한다면 지폐 길더는 이전의 가치보다 상승할 수 있다. 상품 총량이 7억 길더를 필요로 하는데, 단지 6억 지폐 길더가 유통된다면, 이제 지폐 길더는 은 길더의 7/6길더 가치가 될 것이다. 만약 자유주조가 시행되고 있다면 지폐 길더와 은화 길더를 모두 합해 7억 길더가 될 때까지 사람들은 은화 길더를 주조할 것이다. 이렇게 되면 지폐 길더와 은화 길더는 동일한 가치로 통용되며, 자유주조가 계속 시행되는 상황에서는 지폐 길더는 더 이상 상품 가치에 의해 규정되지 않고 은의 가치에 의해 규정될 것이다. 따라서 지폐 길더는 다시 은 상징으로 기능할 것이다"(힐퍼딩, 1993: 44).

인용문에서 힐퍼딩이 제시하는 두 번째 조건에 대해 살펴보자. 상품가격 총액이 7억 길더이고 화폐 유통 속도와 은의 가치는 불변이다. 그러면 유통 영역에서 필요한 은화의 양은 7억 길더/1=7억 길더이다. 그런데 은화 7억 길더를 대신하여 지폐는 6억 길더만 유통된다. 그러면 지폐 1길더가 7/6길더 은화 또는 이에 해당하는 은의 양을 대표하게 된다. 그래서 은의 가치와 상품의 가치도 그대로이지만 은을 대신하는 지폐량이 상대적으로 줄어든 나머지 상품가격이 1/7만큼 하락하게 된다. 따라서 가치 증표인 지폐는 여전히 은화 또는 은의 양을 대표하고 있음을 보여주며, 총상품량의 가치가 화폐의 가치를 결정한다는 힐퍼딩의 주장은 거짓이다. 힐퍼딩은 아래와 같이 또 다른 조건을 제시한다.

> "동일한 결과가 다른 방식으로 나올 수 있다. 상품 유통이 변하지 않아 지폐 길더가 은화 길더의 5/6로 평가되고 있다고 가정하자. 그런데 지금 은의 가치가 1/6만큼 하락한다면 은화 길더는 지폐 길더와 동일한 구매력을 가지게 될 것이다. 은에 붙은 프리미엄은 사라지며, 은은 유통에 머물게 된다"(같은 책: 44).

여기서 힐퍼딩이 상정한 조건을 정확하게 말하자면 상품가격 총액이 5억 길더이고, 은의 가치가 1/6만큼 하락했으며, 화폐 유통 속도는 불변이라는 것이다. 이때 필요한 화폐 유통량은 얼마인가? 먼저 은의 가치가 불변이고, 상품가격 총액이 5억 길더일 때는 유통 영역에서는 은화 5억 길더(=5억 길더/1)가 필요하다. 그러나 은의 가치가 1/6이 하락하였으므로, 상품가격은 20% 상승하여 상품가격 총액은 5억 길더$\times\frac{6}{5}$=6억 길더가 된다. 그리하여 6억 길더의 상품 총량을 유통시키는 데 필요한 화폐량은 은화 6억 길더(=6억 길더/1)가 된다. 은화 6억 길더를 대신하여 지폐 6억 길더가 유통되면, 지폐량과 은화 양의 비가 1:1이 되고, 은화와 지폐의 법정 교환 비율과 시중의 교환 비율도 모두 1:1로 일치하게 된다. 그리하여 은화의 상품으로서 수출은 사라지게 된다. 여기서도 힐퍼딩의 주장과 다르게 가치 증표로서 지폐는 여전히 은의 가치를 대표한다.

앞의 예는 은의 가치는 불변이지만 상품의 유통에 필요한 은화보다 이를 대신하는 지폐가 많이 유통되어 지폐 6억 길더가 은화 5억 길더를 대표함으로써, 즉 지폐 1길더가 은화 5/6길더 또는 이에 해당하는 은의 양만 대표하면서 상품가격이 20% 상승한 것이다. 지금의 예는 은의 가치가 1/6만큼 하락하여 상품가격이 20% 상승하였고 이로써 상품가격 총액이 은화 5억 길더에서 6억 길더로 증가하여 유통 영역에서 필요한 은화가 6억 길더가 되었고, 은화를 대신하여 지폐가 6억 길더가 공급되어서 지폐 1길더가 은화 1길더 또는 이에 해당하는 은의 양을 대표하게 될 것이다. 따라서 두 사례 모두 지폐는 철저하게 은의 가치를 대표하는 가치 증표로서 기능하고 있다. 힐퍼딩은 이어서 다음과 같은 조건을 제시하며 주장한다.

"은의 가치가 예컨대 2/6만큼 하락한다면, 오스트리아에서는 은을 구입해 주조하는 것이 유리하게 된다. 이 주조는 지폐 길더와 은화 길더의 합계가 (은화의 구매력이 2/6만큼 저하했음에도 불구하고) 유통상의 필요를 충족시킬 수 있게 될 때까지 계속된다. 우리는 최초의 상품가치가 5억 길더이고 유통하는 지폐 길더는 6억 길더라고 가정했다. 그러므로 지폐는 최초의 지폐 가치의 5/6로 통용되었다. 이제 이전의 구매력의 4/6로 평가되는 은화 길더가 유통에 들어온다고 하자. 이제 상품을 유통시키려면, 5억 길더의 6/4, 즉 7억 5천만 길더가 필요하다. 이것은 6억의 지폐 길더와 1억 5천만의 신규 발행 은화 길더로 구성될 것이다. 그런데 국가가 통화 가치의 더 이상의 하락을 저지하려고 한다면, 은의 자유주조를 금지시키기만 하면 된다. 이 경우 길더는 은의 가격과는 무관하게 될 것이고 길더의 가치는 여전히 처음의 길더 가치의 5/6로 고정될 것이다. 은 가치의 저하는 은화에 표현되지 않을 것이다"(힐퍼딩, 1993: 44-45).

여기서 힐퍼딩이 제시한 조건을 살펴보면 상품가격 총액은 5억 길더이고, 화폐 유통 속도는 불변인데, 은의 가치가 2/6만큼 하락한 경우이다. 그러면 상품가격이 50% 상승하여 상품가격 총액은 5억 길더$\times \frac{6}{4}$=7억 5천만 길더가 된다. 이리하여 유통 영역에서 필요한 은화의 양은 7억 5천만 길더(7억 5천만/1=7억 5천만 길더)가 된다. 은의 가치가 하락하기 전에 은화 1길더이던 상품의 가격은 은화 7.5/5 길더가 된다. 그런데 정부가 은화 7억 5천만 길더 대신에 지폐 6억 길더만 유통되도록 통제하고 있다면, 지폐 6억 길더가 대신하는 은화는 7억 5천만 길더가 되고 지폐 1길더는 7.5/6 은화 길더 또는 이에 해당하는 은의 양을 대표하게 된다. 따라서 지폐는 화폐 단위보다 더 큰 가치의 은화를 대표하게 되며 "이 경우 길더는 은의 가격과는 무관하게 될 것이고, 길더의 가치는 여전히 처음의 길더 가치의 5/6로 고정될 것이다. 은 가치의 저하는 은화에 표현되지 않을 것이다"(같은 책: 45)라는 주장은 거짓이 된다. 지폐 1길더가 대표하는 가치는 힐퍼딩의 주장처럼 5/6 길더 은화 또는 그만큼의 은이 아니라 7.5/6 길더 은화 또는 그만큼의 은이기 때문이다. 그리고 다시 강조하지만 "자유주조가 금지되면 화폐의 가치는 유통하는 상품의 가치를 단순히 반영한다"(같은 책)는 주장도 역시 거짓이 된다. 왜냐하면 조금 전 증명한 것처럼 자유주조든 아니든 은의 가치 증표인 지폐의 유통량은 이것이 대신하는 은화의 양 또는 이에 해당하는 은의 양만큼만 가치를 표현하기 때문이다. 그리하여 다음 주장도 거짓이 된다.

"우리의 전제에 따르면 은의 가치는 2/6만큼 하락했지만 오스트리아 은화 길더는 이 고찰의 출발점보다 1/6밖에 하락하지 않았기 때문에 유통하는 오스트리아 은화 길더는 같은 무게의 은의 가격보다 1/6 높아지게 된다. 즉, 은화 길더는 과잉평가된다. 사실상 이 현상이 오스트리아에서는 1878년 중반에 일어났다"(같은 책).

은의 가치가 2/6만큼 하락해서 상품가격이 50% 상승하여 상품가격 총액은 5억 길더에서 7억 5천만 길더로 증가하였고, 유통 영역에서 필요한 은화의 양도 7억 5천만 길더가 되었다. 당연히 은화의 가치는 이 고찰의 출발점에서 가정한 은화의 가치보다 2/6만큼 하락했으며 은의 가치와 은화의 가치는 괴리하지 않는다. 다만 처음의 예에서는 은화 5억 길더 대신에 지폐 6억 길더가 유통되어 지폐 1길더가 은화 5/6길더를 대표했으나 이제는 은화 7억 5천만 길더 대신에 지폐 6억 길더가 유통되어 지폐 1길더가 은화 7.5/6길더를 대표하여 지폐 길더가 대표하는 은화의 양이 더 많아졌다. 그러므로 은화 길더가 과잉 평가된다는 힐퍼딩의 주장은 거짓이다. 이렇게 자유주조제든 주조 금지든 지폐는 여전히 은의 가치 증표로서 기능하며, 지폐가 대표하는 것은 은의 가치이지 상품의 가치가 아니다. 화폐는 상품의 가치를 가격 형태로 평가하는 것이다.

힐퍼딩이 현실의 사례로서 오스트리아, 네덜란드, 인도의 경우를 제시할 때 사용한 은의 가치 지표는 런던 거래소의 은 시세, 즉 은의 금가격으로 하고, 화폐의 가치 또는 화폐의 구매력으로서 지표는 금화와 은화의 환율이다. 환율은 기본적으로 화폐 재료 가치의 비가 반영되지만, 국제수지의 상태, 한 나라의 화폐 가치의 변동, 은 본위국과 금 본위국의 화폐 재료 가치의 상대적 변화에 의해 변동할 수 있다 (마르크스, 2010b: 809; 2015c: 759; Marx, 1964: 605). 그리고 이자율도 환율에 영향을 미칠 수 있는데, 그러나 이자율이 변동한다고 반드시 환율이 변동하는 것은 아니다. 환율은 이러한 요인들에 의해 변동하며 특히 국제수지 상태에 의해 영향을 많이 받으므로, 환율의 변동을 구매력으로서 화폐 가치의 변동으로 해석하는 것은 적절하지 않다.

힐퍼딩이 위 인용문에서 1878년 중반에 오스트리아에서 일어났다고 주장하는 현상은 유통이 확대되고, 즉 상품 유통량이 증대하고, 은의 가치 하락도 일어났지만, 은화의 가치 증표인 지폐의 유통량이 증가하지 않아서 "지폐 길더의 가치가 등귀"한 현상이다(힐퍼딩, 1993: 45). 이는 은의 생산성 증가로 화폐 재료인 은의 가치가 하락했지만 상품 생산성이 더 많이 상승했거나 상품 생산성 상승과 산업 수요의 둔화가 함께 일어나 물가가 상승하지 않고 오히려 하락한 현상을 힐퍼딩이 화폐수량설의 관점에서 잘못 해석한 것으로 보인다.

이 시기 오스트리아의 경제를 살펴보면 1873년에 경기 과열을 겪다가 위기를 맞으면서 1893년까지 유럽의 다른 국가 및 북미 국가들과 함께 장기 불황에[5] 빠졌다. 이때 유럽과 북미의 자본주의 경제를 위기 전의 시기와 위기 후

5 원래 이때 경제 위기 명칭이 우리나라에서는 주로 대공황이라고 번역되는 대불황great depression이었으나 1929년 일어난 경제 위기가 'great depression'으로 불리면서 19세기 종반 경제 위기는 장기 불황long depression으로 불리게 됐다.

의 시기를 함께 비교했을 때 GDP 성장률이 상당히 둔화했다. 하지만 위기가 발생하기 전에 이들 국가는 상당한 기술 혁신을 이루어 생산성을 높였으며, 장기 불황 기간에도 생산성이 상당히 증가했다고 평가받는다.[6] 1870~1890년 동안 철광석 생산이 경제 대국 5개국에서 2배 이상 증가했고 철강 생산은 22배 증가했다. 웰스(Wells, 1890)는 이 시기 물가 하락은 공장의 제조 방법 및 운송 방법의 개선으로 인한 재화 생산 비용의 감소에 기인한다고 하며, 셀긴(Selgin, 1997)도 물가 하락이 생산성 증가 때문이라고 주장한다. 아서 루이스(Arthur Lewis, 1967)는 1866~1872년 모든 지역에서 국제 호황을 누렸고, 1873년에 끝난 호황 뒤에 산업 수요의 둔화가 있었고, 산업 생산 성장률이 둔화되었다고 분석한다. 따라서 생산성 증가에 산업 수요의 상대적 둔화가 더해지면서 물가 하락이 가중되었다고 할 수 있다. 오스트리아 국립은행Oesterreichische Nationalbank에서 발간한 자료(Jobst, C., & Scheiber, T. 2014)를 보면 1877년 오스트리아의 실질 GDP는 44억 4450만 크로네(GDP디플레이터 1913=100)였고 명목 GDP는 41억 9670만 크로네였으며, 1878년 실질 GDP는 48

---

[6] 조지 셀긴(George Selgin, 1997)과 데이비드 에임스 웰스(David Ames Wells, 1890)는 이 시기에 상품 생산성이 증가했다고 주장하는데, 특히 웰스는 장기 불황이 대단한 기술 진보의 시기라고 평가했고, 다양한 산업에서 생산성이 증가했다고 한다.

억 9720만 크로네였고 명목 GDP는 41억 3,570만 크로네였다. 그리고 소비자물가지수는 1877년 93.0(1914=100)이었다가 1878년 89.4로 하락한다. 하지만 국가 지폐 유통량은 1877년 1월 3억 4260만 길더에서 12월 3억 4090만 길더로 변동하며 1878년 1월 3억 3780만 길더에서 12월 3억 6080만 길더로 변동한다. 이는 힐퍼딩의 주장과 다르게 국가 지폐의 유통량이 유통 영역의 필요에 따라 변동했다고 할 수 있으며, 1878년 말에는 전년도보다 오히려 증가한다. 따라서 생산성 증가 및 농업과 광업 부문의 생산량 증가로 1878년 실질 GDP가 증가했고, 이러한 생산성 증가와 산업 수요의 둔화로 물가가 하락했고, 이런 물가의 하락으로 1878년 명목 GDP가 전년도에 비해 감소했다고 할 수 있다. 생산성 증가에 대한 근거로 막스-슈테판 슐처(Max-Stephan Schulze, 1997)가 가공한 자료를 들 수 있다. 그는 총 요소 생산성을 분석하여 오스트리아의 자본 요소 투입 증가율이 노동 요소 투입 증가율에 비해 높은 것이 생산성 상승을 보여주는 것이 아니고 노동자 고용이 상대적으로 둔화된 것이라고 하지만, 이러한 분석으로 생산성 변화를 타당하게 분석했다고 할 수는 없다. 생산성은 노동시간당 생산량의 변화로 측정하거나 마르크스주의 관점에서 가변자본에 대한 불변자본의 비율로 표현할 수 있다. 노동시간당 생산량이 증가하면 생산성이 상승하는 것이고, 가변자본에 대한 불변자본의 비율이 증가하는 경우도 생산성이 상승했다고 판단할 수 있다. 그러나 이런 통계가 없기에 막스-슈테판 슐처의 다른 자료를 이용해서 간접적으로 유추할 수 있다. 1870~1910년 산업 부문의 자본 요소 투입 증가율이 매년 평균 4.7%이고 노동 요소 투입 증가율이 1.6%로 자본 투입이 노동 투입에 비해 약 3.7배 많다. 그리고 생산성에 중요한 요소인 유형 고정자산 중 기계와 철도 및 철도 차량의 규모도 많이 늘어난다. 기계를 보면 1870년 6억 540만 크로네였던 것이 1880년에 11억 4440만 크로네가 되어 규모가 약 1.9배 증가했다. 철도 및 철도 차량도 1870년 16억 8410만 크로네에서 1880년 31억 5140만 크로네가 되어 약 1.9배 증가했다. 유기적 구성도[7]의 대리 변수로 삼기 위해 기계 총가격을 고용 노동자 수로 나누어 보았는데, 1880년 노동자 수 통계가 없어서 아쉽지만, 노동자 1인이 다루는 기계가 1870년에는 321.4크로네였고, 1890년에는 824.0크로네였다. 따라서 1870~1880년 사이에도 생산성 증가가 상당하게 있었을 것이라고 충분히 추정할 수

---

7 생산성 향상을 보여주는 지표로 가변자본 가치에 대한 불변자본 가치의 비율을 일컫는다.

있다. 여기에 더해 산업 수요의 둔화가 있었다면 물가 하락이 가중되었을 수 있다.

7. 부르주아 경제학 화폐 이론 및 인플레이션 이론 비판

1) 주류 경제학 화폐 이론 비판

주류 경제학에서는 화폐를 어떻게 정의하고 이론을 전개하고 있는지 살펴보며 비평하겠다. 국내외 대표적 대학 교재에 있는 화폐의 정의를 보면 프레데릭 미시킨Frederic S. Mishkin은 "화폐는 재화와 서비스에 대한 지급이나 채무의 상환에서 일반적으로 받아들여지는 어떤 것"(미시킨, 2020: 59)이라고 하며, 그레고리 맨큐N. Gregory Mankiw는 "화폐란 결제할 수 있도록 즉시 사용할 수 있는 자산의 저량"(맨큐, 2006: p. 84)이라고 하고, 이종화와 신관호(2019: 154)는 "화폐는 사회에서 일반적으로 거래되는 수단으로 사용되는 자산"이며 "거래의 수단으로 널리 통용되는 이유는 유동성이 매우 높기 때문"이라고 서술하고 있다. 미시킨은 화폐의 구매수단 및 지급수단으로서 기능을 화폐의 정의로 서술하고 있는데, 이 두 가지 기능의 소개가 화폐의 정의는 될 수 없다. 맨큐와 이종화 및 신관호도 화폐를 자산으로 정의하며, 이종화와 신관호는 화폐가 자산인 이유를 높은 유동성이라고 밝힌다. 유동성은 환금성, 즉 얼마나 빠르게 교환의 매개수단으로 전환되는지(미시킨, 2020: 63), 다시 말해 화폐로 전환되는지를 나타내는 성질을 의미하므로 화폐가 높은 유동성을 가진다고 말한다면 동어반복에 불과하고, 이들은 화폐가 왜 자산인지를 설명하지 않으며, 보통의 자산과는 다른 화폐의 본질을 정의하지 않는 것이 된다.

거시경제학이 설명하는 화폐의 기능을 보면 주로 교환의 매개수단medium of exchange[1], 계산단위unit of account, 가치의 저장수단store of value이며(미시킨, 2020: 61-64; 맨큐, 2006: 84-85), 정운찬(2000: 43-44)은 지불수단means of payment과 가치척도common measure of value를 추가하고 있다. 교환의 매개수단은 "상품과 용역을 구매하는 데 사용"[2](맨큐, 2006: 85)하는 기능으로 마르크스의 교환수단 또는 구매수단에 가까운 개념이다. 계산

---

1 마르크스주의 학계에서는 주로 교환수단으로 번역한다.

2 미시킨(2020: 61)도 "화폐는 재화와 서비스에 대한 지금을 위해 사용된다"며 비슷한 의미로 설명하고 있으나 정운찬(2000: 44)은 "'교환의 매개'를 받을 경우 판매자는 장래에 구매자 또는 결제의무를 부담하기로 한 제3자에게 최종 지불을 요구할 권리를 가지게 된다"며 지불수단의 의미로 설명하고 있다.

단위는 "가격을 견적하고, 부채를 기록하는 기준"(같은 책)[3]으로 마르크스의 계산화폐와 비슷한 개념이라고 할 수 있다. 계산화폐는 화폐가 가치척도와 가격의 도량기준으로서 기능하면서 가격과 부채를 결정하는 기능이다. 가치의 저장수단은 대체로 "현재로부터 미래로 구매력을 이전하는 수단"(맨큐, 2006: 85)이라고 정의되지만, 정운찬(2000: 45)과 미시킨(2020: 63)의 설명을 보면 유통에서 퇴장된 화폐를 의미한다. 따라서 이는 마르크스의 축장과 비슷한 기능이다. 그러나 마르크스의 축장은 화폐 유통량을 조절하는 수로 역할을 한다는 의미도 있으므로 차이가 있다. 지불수단(정운찬, 2000: 43-44)은 상품 거래에서 상품 구매자에게 상품을 양도하고 구매자는 화폐를 지불하는 행위에서 사용되는 기능으로 설명하고 있다. 따라서 이는 마르크스가 구매수단으로 정의한 개념에 해당된다. 가치의 척도는 "금과 같이 교환의 기준으로 선택된 상품"으로 "다른 모든 재화의 가치를 측정하여 그것들의 가치를 손쉽게 비교할 수 있게 해 주는"(정운찬, 2000: 45) 기능이라고 설명하지만, 상품 가치의 실체가 무엇인지, 그리고 금이 다른 모든 재화의 가치를 측정하는 이유를 밝히지 못하고 있다.

---

3   미시킨(2020: 62)은 상품의 가격 계산 기능만 설명하고 부채에 대해서는 빠뜨리고 있다.

거시경제학은 금 본위제 시대의 가치 증표인 강제통용지폐가 그 자체로 가치를 가지며, 이러한 정부지폐가 화폐적 기준이라고 간주한다(맨큐, 2006: 87). 앞서 설명했듯이 금 본위제에서 화폐의 기준은 금이며, 강제통용지폐는 금의 가치를 대표하는 가치 증표이며, 그 자체로는 가치가 거의 없다. 그리고 거시경제학은 지폐가 금으로 태환된다는 점이 우려되지 않을 경우에 금태환 조건의 폐지에 사람들이 관심을 가지지 않게 되고, 교환수단으로 지폐가 계속 사용되는 사회적 관습에 의해 상품화폐체제에서 법정불환지폐체제로 발전했다고 설명한다(같은 책). 지폐의 금 태환성을 우려하지 않는 점이 금태환 조건의 폐지에 대한 무관심을 불러일으켰다는 설명은 비논리적이다. 앞서 설명했듯이 가치 증표와 법정불환지폐의 발생은 주화의 명목적 함량과 실제 함량의 분리에서 그리고 유통수단으로서 화폐 상품, 즉 금은 상품의 탈바꿈이 일어날 때만 일시적으로 가치의 독립체로 표현되기에 화폐는 상징적으로 존재하기만 하면 되는(Marx, 1976: 221-222) 상품 유통의 조건에서 비롯된다. 따라서 상품 유통 과정의 특징과 유통수단으로서 귀금속 화폐 유통 자체에 법정불환지폐 탄생의 논리와 실제가 내재되어 있다.

이렇게 거시경제학은 화폐의 본질과 현대 법정불환지

폐의 성질을 제대로 정의하지 못하고 있고, 화폐 기능의 정의도 모호하며 그 기능 간 유기적 관계도 제대로 파악하지 못하고 있다.

거시경제학은 예금통화를 화폐로 간주하는데, 마르크스의 논리에서는 신용화폐, 즉 은행신용으로 간주해야 한다고 생각한다. 따라서 마르크스의 논리에서는 유통되는 통화량에는 본원통화의 유통량만 해당되고, 그 외 주류 경제학에서 통화로 취급하는 수표, 예금 등은 신용화폐로 분류해야 한다고 생각한다.

연방준비제도의 통화량 지표는 협의통화(M1)과 광의통화(M2)으로 구성되어 있다. M1은 본원통화+여행자수표+요구불예금+기타 수표발행가능예금으로 구성되며, M2는 M1+소액정기예금+저축예금과 MMDA+MMF 지분(소매)으로 구성된다(미시킨, 2020: 69). 이러한 통화량 지표는 실제 통화량보다 아주 많이 부풀려지며, 통화 속도도 실제 속도보다 느리게 측정되는 문제점을 가진다.

2) 현대 화폐수량설 비판

흄과 리카도 등을 거치면서 발전되고, 경제 이론과 현실 정책에 영향을 미친 화폐수량설은 현대 경제학에서 MV=PQ 라는 잘 알려진 교환 방정식으로 정리된다. 이러한 대수 형식의 교환 방정식을 정리하여 현대 경제학에 큰 영향을 준 학자는 어빙 피셔Irving Fisher이지만, 그가 화폐량(M), 화폐 유통 속도(V), 가격수준(P), 상품량(Q)이라는 네 가지 변수를 사용하여 화폐수량설을 방정식으로 정리한 최초의 학자는 아니었다. 1804년 독일의 경제학자 클라우스 크룅케Claus Kröncke 는 수량 방정식에 화폐 유통 속도 변수를 처음으로 도입하여 다음과 같이 정리했다(Humphrey, 1984: 15).

$$r = \frac{\varPhi}{m} \quad \cdots\cdots (7.1)$$

(r=필요한 화폐 유통량, $\varPhi$: 판매되는 재화의 명목가치, m=화폐 회전 속도)

이는 $M = \frac{PQ}{V}$ 와 같은 개념인데, 크룅케의 방정식에서는 단지 판매되는 재화의 총가격을 가격 변수와 수량 변수로 분해하지 않은 차이가 있을 뿐이다(같은 글). 그는 생산량과 화폐 유통 속도가 주어져 있으면 가격은 화폐량에 따라 직접적으로 변동한다고 주장했다(같은 글). 1811년 독일 경제학자 조제프 랑Joseph Lang은 1811년에 최초로 화폐량(M),

화폐 유통 속도(V), 가격수준(P), 상품량(Q)의 네 가지 변수를 방정식에 도입하며, 다음과 같이 정리했다(같은 글).

yZ=Px ······ (7. 2)
(y는 화폐 유통 속도, Z는 화폐량, P는 실물 생산량, x는 가격수준)

따라서 이 방정식은 전통적인 교환 방정식 MV=PQ와 같다. 랑은 물가가 화폐량에 정비례하고 상품량에 반비례해서 변동한다고 결론 내렸다(같은 글: 16). 어빙 피셔의 교환 방정식에 직접적인 영향을 준 이는 사이먼 뉴컴Simon Newcomb인데, 스스로 "사회적 유통 방정식equation of Societary circulation"이라고 이름 붙인 것을 다음과 같이 정리하여 이를 교환 방정식의 기본 방정식이라고 주장했다(Newcomb, 1885: 328).

VR=KP ······ (7. 3)
(V는 화폐량, R은 평균 유통 속도, K는 상품 유통량, P는 가격)

이 방정식도 역시 MV=PQ와 같은 개념이다. 뉴컴은 "통화량이 변동할 때 다른 조건이 불변이면, 화폐 한 단위의 구매력이 화폐 총량과 반비례하여 변동한다"(같은 책: 346)라며, 통화량이 증가하면 물가가 상승한다고 주장했다. 뉴컴의 교환 방정식에 기초하여 피셔는 다음과 같이 방정식을 정리했다(미시킨, 2021: 578).

MV=PT ······ (7. 4)
(M은 화폐량, V는 화폐 유통 속도, P는 거래당 평균 가격, T는 재화와 서비스의 거래량)

그리고 이는 나중에 다음과 같이 변경된다.

MV=PY ······ (7. 5)
(Y는 총생산량 또는 실질 GDP)

피셔는 이러한 교환 방정식에 근거하여 화폐 유통 속도와 생산량이 일정할 때, 화폐량이 변동하면 물가수준이 변동한다고 주장한다(같은 책). 그리고 교환 방정식에서는 화폐 유통 속도가 일정하다고 가정하여 V의 증가율을 0으로 가정할 수 있으므로 교환 방정식에서 다음과 같은 인플레이션율을 구하는 방정식을 도출할 수 있다(같은 책).

π(P의 증가율)=M의 증가율-Y의 증가율 …… (7.6)

이는 생산량(실질 GDP)의 증가율보다 화폐량의 증가율이 크면 인플레이션율이 증가한다는 의미로, 인플레이션의 원인을 생산량(실질 GDP)보다 빠르게 증가하는 화폐량에서 찾고 있다.

이렇게 현대 경제학의 화폐수량설이 공유하는 핵심적인 생각은 고전 정치경제학의 화폐수량설과 마찬가지로 화폐량이 상품가격을 결정하며, 생산량이 일정할 때 화폐량이 증가하면 물가가 상승하고, 화폐량이 감소하면 물가가 하락한다는 것이다.

앞서 이미 마르크스의 화폐 이론과 유통수단으로서 화폐량 결정에 대한 방정식에서 밝혔듯이 화폐 유통 속도가 일정하게 주어져 있다면(그리고 화폐가 상품 화폐일 때, 화폐 재료의 가치가 일정하다면) 한 경제의 상품가격 총액이 유통수단으로서 화폐량을 결정하지 그 반대가 아니다. 따라서 이를 네 가지 변수를 사용한 대수 방정식으로 나타낸다면 앞서 보여주었듯이 $M = \dfrac{PQ}{V}$ 이다.

밀턴 프리드먼은 케임브리지학파 마샬의 화폐수요 이론을 계승하고 케인스의 이론을 일부 받아들여 통화주의

라는 이름을 얻은 신화폐수량설을 폈다(정운찬, 2000: 582). 이는 기본적으로 화폐수요함수를 통해 보유 자산으로서 화폐의 수요량 분석을 시도한 화폐수요 이론이다(같은 책: 359). 여기서 말하는 보유 자산으로서 화폐수요는 마르크스주의의 축장화폐와 비슷하다. 프리드먼의 화폐수요함수는 다음과 같은데(같은 책: 582), 화폐수요는 개인의 총 부와 화폐를 포함한 각종 자산 수익률의 함수이다(같은 책: 359).

$$M^D = P \cdot f(r^B, r^E, \dot{P}, h, y, u) \quad \cdots\cdots (7.7)$$

r^B : 채권수익률

r^E : 주식 수익률

$\dot{P}$: 물가변화율(화폐대용으로 보유될 수 있는 실물자산의 명목수익률 반영)

h : 총부total wealth에 대한 인적 부human wealth의 비율

y : 소득(항상소득 개념)

u : 기타 주관적 객관적 요인을 나타내는 변수

프리드먼은 화폐수요가 이자율과 국민소득의 안정적 함수이고, 소득을 제외한 이자율과 다른 변수가 화폐수요에 미치는 영향이 미미하다고 보아 설명변수에서 제외하

고, 소득을 항상소득으로, 물가를 항상물가수준으로 대체하여 다음과 같은 화폐 수요함수를 도출한다(같은 책: 584-585).

$$M^D = P^P g(y^P) (\text{g는 성장률임}) \cdots\cdots (7.8)$$

이에 따라 화폐수요는 항상소득과 항상물가 개념으로 인해 단기적으로 안정적이므로, 화폐 공급이 화폐수요를 초과할 경우에 화폐가 전부 지출됨으로써 물가가 오르게 된다고 주장한다(같은 책: 585). 그래서 인플레이션의 원인은 생산량보다 빠르게 증가하는 화폐 공급이 된다.

프리드먼의 문제는 첫째, 스스로 제시한 함수가 보유자산으로서 화폐수요이므로 유통 영역에서 퇴장한 축장화폐를 의미하는데, 이를 유통 영역에서 상품 거래를 위해 사용되는 유통수단으로서 화폐수요로 다루어 물가 변동에 적용하는 모순을 가진다는 점이다. 둘째, 프리드먼이 제시한 자산은 우선 상품을 화폐로 매개하여 거래된 후에 보유되는 것이며, 소득은 한 경제가 생산한 상품이 유통되어 분배되는 것이고, 보유 자산으로서 화폐는 유통수단에서 축장으로 화폐의 기능이 바뀌는 문제이므로 경제학자가 먼저 밝혀야

할 부분은 상품의 유통을 위해 필요한 통화량인데, 그는 이를 인식하지 못하고 있다. 셋째 반복해서 강조하지만, 일반적으로 화폐량은 화폐 유통 속도가 일정할 때 상품 가격 총액에 의해 결정되지, 그 반대가 아니다.

한 가지 첨언하자면 프리드먼은 화폐 유통 속도가 일정하지 않다는 점을 강조한다. 마르크스도 화폐 유통 속도가 시기와 경제 상황에 따라 변동한다는 것을 인정한다. 마르크스는 상품가격 총액이 증가하더라도 화폐 유통 속도의 증가보다 더 적은 정도로 증가하면 화폐 유통량은 줄어들고, 화폐 유통 속도가 상품가격 총액보다 더 빠르게 줄어들면. 화폐 유통량은 증가한다고 주장한다(Marx, 2010a: 340; 마르크스, 1988: 97). 그리고 화폐 유통 속도는 신용 팽창 시기에 상품가격보다 빠르게 증가하고 신용 수축 시기에는 상품가격보다 빠르게 줄어든다는 것을 현실 경제의 연구로부터 도출하였다(같은 책).

주류 경제학 화폐수량설의 다른 문제점은 지불수단으로서 화폐의 양을 고려하지 않는다는 것이다. 경제에서 화폐는 신용거래를 통해 지불수단으로서 사용되므로 이런 용도의 화폐량을 고려해야 하며, 신용제도와 지급결제제도를 통해 실제 화폐를 사용하지 않고 상호 결제되는 신용 거래액은 빼 주어야 한다. 그러나 교환 방정식에서는 이 부분을 고려하지 않는다. 모든 상품이 유통수단으로서 화폐와 거래된다고 가정하면 지불수단을 생략해도 되지 않느냐고 반문할지 모르나 현실 경제에서는 이전의 신용 거래를 지불수단으로서 화폐로 결제하기 때문에 이를 고려해야 현실을 반영할 수 있다.

앞서 서술했듯이 유통수단과 지불수단의 유통 속도가 주어져 있을 경우 유통되는 화폐량을 방정식으로 나타낼 경우 방정식 (1. 2)와 같다.

그래서 화폐의 종류가 가치 증표로서 불환지폐인 경우에는 이렇게 계산된 총통화량, 즉 유통 영역에서 필요한 양을 실제 화폐 유통량이 초과했을 경우에만 물가가 상승할 수 있다. 또는 화폐 유통량이 유통 영역에서 필요한 양에 미달할 경우에는 물가가 하락할 가능성도 있다. 앞서 서술했듯이 축장되는 화폐량은 물가에 영향을 미치지 않는다.

따라서 "인플레이션은 언제 어디서나 화폐적 현상"(프리드먼, 2009: 69)이라는 프리드먼의 주장은 타당하지 않다. 그리고 "인플레이션은 화폐량이 생산량보다 상당히 빠르게 증가할 때 발생하며, 생산량 단위당 화폐 수량의 증가가 빠르면 빠를수록 인플레이션은 높아진다"(같은 책: 228)라는 주장도 틀렸다. 화폐량이 상품 "생산량"보다 빠르게 증가할 때 인플레이션이 발생하는 것이 아니라 유통 영역에서 필요한 '총통화량'을 초과하면 그렇게 된다.

3) 필립스 곡선은 타당한가

필립스 곡선은 윌리엄 필립스William Phillips가 실증 연구를 통해 임금 인플레이션율(임금 상승률)과 실업률이 역관계를 가진다고 보여줌으로써 개발한 것으로 가격 인플레이션과 실업이 역관계를 가진다고 주장하는 경제 이론이다. 따라서 필립스 곡선에 따르면 인플레이션이 상승하면 실업이 하락하고, 인플레이션이 하락하면 실업이 상승하고, 거꾸로 실업이 하락하면 인플레이션이 상승하고, 실업이 상승하면 인플레이션이 하락한다. 이 필립스 곡선은 1970년대 세계 경제가 경기침체(높은 실업률)와 인플레이션이 동시에 일어나는 스태그플레이션을 겪으면서 이론으로서 파산선고를 받았다. 하지만 그 후에 적응적 기대를 고려한 필립스 곡선으로 변화하여 기대인플레이션율과 자연율에서 벗어난 실업률과 공급충격 변수에 의해 인플레이션율이 결정된다고 주장하며, 인플레이션과 실업의 역관계가 장기적으로는 유효하지 않지만 단기적으로는 유효하다고 주장한다. 그리고 정책 결정자들은 필립스 곡선의 배후에 있는 논리에 근거한 정책을 선택하고 있다. 즉, 총수요를 확대하고 실업을 낮추어 인플레이션을 상승시키거나 총수요를 억제하고 실업을 증대시켜 인플레이션을 낮추려고 시도하는 것이다. 좋은 예로 최근 많은 중앙은행이 인플레이션을 둔화시키기 위해 인위적인 침체를 만들어 실업률을 높일 목적으로 이자율을 높이는 정책을 폈다. 또한 필립스 곡선의 논리는 임금-물가 악순환wage-price spiral의 바탕이 되는 논리로 작용하고 있다고 볼 수 있다.

앞서 서술한 것처럼 임금의 속성상 임금재 가격이 상승한 후에 임금이 상승하며, 임금의 상승은 기업의 가격 경쟁으로 이윤의 감소로만 이어질 수 있고 상품가격 상승을 초래할 가능성은 거의 없기 때문에, 인플레이션율과 실업률의 역의 상관관계를 나타내는 필립스 곡선은 이론적으로 타당하지 않다. 이런 논리의 차원에서 임금-물가 악순환 역시 논리적으로 타당하지 않다.

최근 임금-물가 악순환에 대한 경험적 연구를 진행한 알바레즈 등(Alvarez, J. et all, 2022)은 그런 사례를 역사에서도 찾기 어렵다고 밝혔다. 그들은 "임금-물가 악순환을 네 분기 가운데 최소 세 분기 동안 소비자물가와 명목임금의 가속이 일어난 사건으로 정의"(Alvarez, J., Bluedorn, J., Bluedorn, M. J. C., Hansen, M. N. J. H., Hansen, N. J., Huang, Y., ... & Sollaci, A.,2022: 6)하고, 31개 선진국의 1960년대 이후 통계를 분석하여 최근 논의에서 경제학자들이 말하는 "임금 상승이 기업에 새로운 비용 인상 충격이 되고, 인플레이션이 가까운 미래에 가속할 수 있는 가능성"(같은 글), 즉 임금과 물가의 지속적 상승에 대한 역사적 사례가 어떠한지를 살펴보았다. 그러한 정의에 해당하는 사례를 찾아서 임금 필립스 곡선을 이용하여 임금의 변동을 분해하고, 이를 통해 임금 상승과 인플레이션 및 노동시장 변동과의 관계를 확인했다. 대다수 사례에서 몇 가지 예외를 제외하면, 임금과 물가의 가속이 발생한 후에 지속적 가속이 뒤이어서 일어나지 않았다(같은 글). 오히려 "인플레이션과 명목임금 성장은 뒤이어 오는 분기들에서 안정화되고, 실질임금 성장은 대체로 불변이었다"(같은 글)라고 한다. 그리고 인플레이션 가속, 명목임금 상승, 실질임금 및 실업 하락의 특징을 가지는 최근의 세계 인플레이션 사례와 유사한 경우에는 명목임금 상승으로 하락한 실질임금을 만회하는 것을 허용하면서, 인플레이션 하락이 뒤따랐다고 한다(같은 글). 그리고 빡빡한 노동시장은 실질임금의 하락에 기인하며, 그러한 노동시장은 명목임금 상승의 중요한 동인이고, 인플레이션이 고점에서 물러나면서 명목임금이 가속화 하는 것이 역사적 사례에서 나타난다고 한다(같은 글). 임금 상승에 대한 기여도를 보면 인플레이션이 60%이고 실업 격차 변동(노동시장 빡빡함)이 40%라고 한다(같은 글: 14). 그들은 이러한 분석을 바탕으로 "명목임금의 가속을 반드시 임금-물가 악순환이 발생하는 징후로 볼 수 없다"고 결론 내리며 "역사는 인플레이션이 고점에서 물러나는 동안에 명목임금이 가속화한다는 것을 보여준다"(같은 글: 18)라고 강조한다. 다시 말해 명목임금의 가속화는 실질임금의 하락을 만회하기 위해서 발생한다는 의미이다. 이들의 연구는 사실, 임금의 상승이 인플레이션의 가속을 초래하는 악순환이 경험적으로 발생하지 않았음을 시사한다.

4) 주류 경제학의 인플레이션 원인

주류 경제학은 기본적으로 인플레이션의 원인을 총공급의 감소와 총수요의 증가로 보고 있다. 재료 및 임금 같은 생산비가 증가하여 총공급이 감소함으로써 물가가 상승하는 것을 비용 인상 인플레이션cost-push inflation이라고 한다. 임금 상승은 인플레이션의 원인이 될 수 없음을 앞서 설명했다. 원자재 가격이 상승하면 물가 상승이 발생할 것이다. 그러나 원자재 가격이 상승하더라도 신용제도를 이용하면 총공급이 감소하지 않을 수 있다. 그래서 그들이 주장하는 생산비 증가로 인한 총공급의 감소가 인플레이션의 원인이 되지 않을 수도 있다. 그리고 원자재 가격 인상으로 인한 인플레이션 원인을 제대로 분석하려면 원자재 가격이 왜 상승했는지를 분석해야 한다. 그러므로 비용 인상 인플레이션은 인플레이션 원인을 사실상 분석하고 있지 않다.

재화와 용역에 대한 강한 수요, 즉 총수요의 증가로 발생하는 것을 수요 견인 인플레이션demand-pull inflation이라고 한다. 이는 경제가 팽창하는 시기에 실업률이 낮고 임금이 상승할 때 넓은 범위에서 상품 수요가 증가하여 물가가 상승함으로써 일어난다. 따라서 소비자로서 큰 비중을 차지하는 노동자의 임금 상승으로 인한 수요 증가가 수요견인 인플레이션의 핵심 원리이다. 앞서 설명했지만 기본적으로 임금 상승은 임금재 가격 상승의 결과이지 원인이 아니다. 임금재 가격 상승과 무관하게 임금이 상승할 수 있는 시기는 경기 과열기에 기업이 노동자를 경쟁적으로 추가로 고용하려고 할 때이다. 노동력이 부족해지는 과열기에는 공급 과잉으로 시장이 포화 상태가 되어 판매가 정체하기에 기업들은 판매 경쟁의 압박 때문에 임금 인상분을 상품가격에 전가하여 상품가격을 인상할 가능성이 작고, 이윤을 희생시킬 가능성이 크다.

만약 호황기와 과열기에 인플레이션이 일어난다면, 그 원인은 무엇인가? 마르크스가 암시한 관점에서 보면, 신용 팽창을 통한 수요(상업자본의 가수요 포함)의 증가와 재생산 과정의 과열이다. 자본은 노동자의 구매력에 비해 항상 과잉생산을 한다. 왜냐하면 전체 자본이 생산한 상품의 가치는 항상 잉여가치(이윤)만큼 노동자의 임금을 포함한 생산비를 초과하기 때문이다. 그래서 자본의 과잉생산을 해결하는 것은 자본의 연쇄적인 투자 확대이다. 이로써 자본은 항상 과잉생산을 하지만, 과잉생산 문제가 겉으로 불거지지 않고 일정 기간 동안 지속적인 경제성장을 할 수 있다. 경제성장 과정에서 상업신용은 생산된 상품자본의 대부를 의미하기에, 초과 수요를 의미하지 않는다. 그러나 상품 판매를 완료하지 않고 구매를 계속하면서, 상업신용을 결제하지 않고 은행을 통한 어음 할인이나 대부자본 차입 같은 은행신용을 이용하게 되면 가수요가 발생한다. 과열기에 상업자본이 신용 팽창을 통해서 가수요를 증가시키면 재생산 과정도 과열되어 일반적 물가가 상승할 수 있다. 물론 화폐 신용을 이용한 산업자본의 활발한 또는 과열된 생산활동도 기존 생산 규모에서 제공할 수 있는 공급량을 초과하는 수요를 만들어서 물가 상승을 일으킬 수 있을 것이다. 또 소비자에게 공급되는 은행신용도 소비 수요를 늘려서 물가 상승을 만들 수 있을 것이다.

내재 인플레이션Built-in inflation은 미래에도 인플레이션이 현재와 같은 상승률로 일어날 것이라는 기대로 발생하는 것을 말한다. 이는 노동자들이 기대 인플레이션에 기초하여 임금 인상을 요구하고, 기업은 임금 상승분을 상품가격에 반영하고, 임금이 상승한 만큼 상품 수요가 증가해서 가격이 상승함으로써 임금-물가 악순환이 일어나는 것을 의미한다. 임금 상승은 임금재 가격 상승의 결과이므로, 임금 상승을 기대 인플레이션이라는 심리적 측면으로 설명하는 것은 비논리적이다.

주류 경제학은 확장적 재정 정책 및 통화 정책이 인플레이션을 일으킬 수 있다고 본다. 세금을 인하하면 기업이 투자를 확대할 수 있고, 고용이 창출되어 수요가 증가할 수 있다는 것이다. 정부가 사회기반시설을 확충하는 데 지출을 늘리면, 경기가 부양되어 물가 상승이 일어날 수 있다는 것이다. 그리고 정부가 지속적으로 재정적자를 통해서 자금을 조달하여 통화 창출이 일어나면 지속적인 인플레이션이 초래된다고 본다. 또한 중앙은행이 이자율을 인하하면 기업과 소비자가 더 많이 대출할 수 있으며, 이는 상품 수요의 증가를 초래하고 인플레이션을 일으킨다고 한다. 그런데, 기업은 목표 수익률이 보장될 가능성이 있을 때 투자를 하지 세금이 인하되었다고, 이자율이 낮아졌다고 투자하지 않는다. 이자율이 상승하더라도 기업은 목표 수익률이 보장될 것 같으면 대출하여 투자할 수 있다. 또 자본주의 경제에서 정부 지출이 전체 경제 규모에서 차지하는 비중은 크지 않기 때문에 정부 지출이 인플레이션에 기여하는 부분은 크지 않을 것이다. 주류 경제학은 장기간 재정적자를 화폐 발행으로 충당하거나 채무의 화폐화를 실시하면 본원통화가 증가하고 승수적 신용 창조 과정을 통해 화폐 공급이 증가하기에 인플레이션을 유발할 수 있다고 본다(미시킨, 584-585). 여기서 주류 경제학이 간과하고 있는 것은 사회에서 생산된 상품의 유통에 필요한 전체 화폐량이다. 노동생산성과 상품 생산량이 불변이어서 상품가격 총액도 그대로인데, 재정적자를 본원통화의 창출로 보충할 경우, 유통되는 화폐량이 필요량보다 늘어난다면 물가 상승이 발생하겠지만, 그렇지 않으면 물가 상승이 발생하지 않을 것이다. 따라서 재정적자를 본원통화 창출로 보충하는 것이 장기간이냐 단기간이냐 보다는 공급되는 화폐량이 유통 영역에서 필요한 양을 초과하느냐 않느냐가 핵심이다.

5) 포스트케인지언 화폐 이론과 인플레이션론에 대한 비판

포스트케인지언 화폐 이론과 인플레이션론은 박만섭의 『포스트케인지언 내생화폐 이론』을 가지고 검토하겠다. 포스트케인지언은 신용화폐가 자본주의 경제에서 가장 주된 역할을 한다고 본다(박만섭, 2020: 76). 그 중요한 이유로 현재 많은 자본주의 경제에서 광의의 화폐량 가운데 95% 이상이 신용화폐이고, 그 나머지가 법정불환지폐로 구성되어 있다고 설명한다(같은 책: 79). 그러면서 모든 화폐를 신용으로 본다(같은 책: 78). 그렇기에 화폐는 무에서 창조되며(같은 책: 6), 신용은 구매력 형태의 화폐(같은 책: 131)라고 주장한다. 따라서 "자본주의 생산 체제에서 대표적인 화폐 형태는 상품화폐도 법정불환화폐도 아닌, 신용화폐이다"(같은

책: 85)라고 강조한다. 이는 포스트케인지언이 은행신용 자체를 화폐로 보고, 은행의 신용 창조를 화폐의 발행이라고 생각하기 때문이다.

여기서 문제는 은행의 화폐 대부와 어음 할인(어음 할인도 화폐 대부임) 및 수표 발행 같은 은행신용, 즉 신용화폐를 화폐로 보며, 은행신용의 창조를 화폐 발행으로 본다는 것이다. 마르크스가 분석하고 정의하듯, 신용화폐는 신용/부채이지 화폐가 아니다. 은행의 대부는 화폐의 발행이 아니라 은행신용의 공여이며, 어음 할인과 수표 발행 등도 마찬가지이다. 그래서 화폐 대부, 어음 할인, 수표 발행 등의 증가는 은행신용의 증가이지 화폐 발행의 증가가 아니다. 따라서 신용화폐가 자본주의 경제에서 가장 주된 역할을 하는 화폐가 아니라 자본(기업)의 영업활동에서, 총자본의 재생산 과정에서, 그리하여 자본주의 경제에서 은행신용이 아주 중요한 역할을 하는 것이다.

이렇게 은행신용의 공여를 화폐의 발행으로 보기에 포스트케인지언 이론은 화폐가 '아무것도 없는 데서 만들어지는' 것, 즉 무에서 창조된다고 한다(같은 책: 6). 그래서 화폐량에 포함되는 예금이 소득의 결과가 아니라 은행신용의 창조, 즉 대부와 함께 발생한다고 본다(같은 책: 111). 그러한 화폐는 구매력을 가진다고 한다. 화폐가 무에서 창조된다는 말은 화폐가 세상에 존재하는 가치 또는 가치의 표현이 아니라는 의미를 담고 있으며, 그러나 구매력을 가진다고 주장하기에 모순된다. 이런 모순된 주장이 생겨나는 것은 화폐와 신용 또는 신용화폐의 차이를 인식하지 못하는 것과 은행신용을 잘못 이해하는 데서 비롯된다. 화폐는 가치의 척도 또는 가치의 표현이며, 신용화폐는 신용/부채이다. 따라서 화폐가 화폐 상품일 경우에는 화폐 재료가 가치를 가지고 있는 노동 생산물이며, 법정불환지폐처럼 가치 증표일 경우에는 화폐의 단위가 상품 생산을 위해 사회에서 지출된 일정량의 노동시간을 대표한다. 그래서 은행에서 대부된 화폐든 그렇지 않은 화폐든 가치의 표현이기 때문에 구매력을 가진다. 은행신용, 즉 신용화폐는 신용/부채이기 때문에 궁극적으로 화폐로 결제되어야 하기에, 채무자는 창조된 가치를 실현한 화폐, 즉 법정불환지폐로 상환할 수밖에 없다. 부채가 상환되면 그에 해당하는 신용/부채가 사라지는 것이지, 포스트케인지언의 주장처럼 '무에서 창조된 화폐'가 사라지는 것이 아니다. 채무가 상환되었을 때, 창조된 가치를 실현한 화폐는 은행이 소유하게 된다. 그리고 전체 예금에서 일부는 소득의 결과로서 실제 생산된 가치를 실현한 것이고, 나머지는 은행신용의 결과이다. 그러므로 현대의 화폐는 무에서 창조되어 무로 돌아가고(같은 책: 6), "신용은 구매력의 형태로 존재하는 화폐다"(같은 책: 139)라는 주장과 예금이 소득의 결과는 전혀 아니고 은행신용의 창조일 뿐이라는 주장은 오류이다. 화폐는 상품 생산과 함께 일어나는 가치 생산으로 창조되는 것이다.

포스트케인지언은 화폐의 내생성을 주장한다. 이 주장의 근거는 첫째, 이미 소개했듯이 현대 자본주의에서 광의의 화폐량 가운데 대부분이 신용화폐이며 신용화폐의 필요는 "민간 부문에서의 경제활동에 따라 발생하는 '필요'"라는 점이다(같은 책: 89). 예를 들어 기업은 투자를 위한 자금을, 가계는 소득을 초과하는 지출을 위한 자금을 금융 부문에서 차입한다는 것이다. 이런 논리에서 '화폐의 공급량'은 경제의 거래 상태에 따라 내생적으로 결정된다는 것이다. 두 번째 근거는 중앙은행의 본원화폐도 내생적으로 결정된다는 주장이다(같은 책: 99). 민간은행은 대부분의 대부 수요에 대해 대부를 제공하는데, 포스트케인지언 수용주의자들은 민간은행의 지급 준비금 요청을 중앙은행이 정상적인 경제 상황에서는 항상 수용한다고 주장한다(같은 책). 세 번째 근거는 '포토폴리오 내생성'이다. 포스트케인지언 구조주의자들은 민간은행이 원하는 수준의 대부 확대를 위해 중앙은행으로부터 추가로 지급 준비금을 제공받을 필요가 없다고 하며, 그러한 지급 준비금은 은행이 자체적으로 자산관리와 채무관리를 통해 조달할 수 있다고 주장한다(같은 책: 100). 그리고 화폐량에 포함되는 예금이 소득의 결과가 아니라 은행신용의 창조, 즉 대부와 함께 발생하는 것으로 보기에 중앙은행 내생성과 포트폴리오 내생성을 함께 고려하면 통화주의적인 통화승수 모형의 인과관계가 뒤바뀌며, 통화승수도 경제활동의 수준에 맞춰서 내생적으로 결정된다고 한다(같은 책: 111).

앞서 설명했듯이 신용은 화폐가 아니며, 은행신용의 창조는 화폐의 발행이 아니기에 은행신용의 공급이 민간 수요에 대응하여 일어난다는 것이 화폐 내생성을 뒷받침하지 않는다. 법정불환지폐의 발행은 당연히 일차적으로 민간의 화폐수요에 의해 일어나지만, 화폐 공급 자체는 정부에 의해 수행되기에, 즉 유통의 외부에서 공급되기에 공급량과 수요량이 불일치할 가능성이 있다. 포스트케인지언은 신용화폐에 근거하여 화폐가 오로지 내생적이라고만 주장하여 법정불환지폐의 형식적인 외생성과 화폐의 초과 공급 또는 화폐의 공급과 수요의 불일치가 발생할 가능성을 배제하는 오류를 범한다.

포스트케인지언은 그들이 화폐라고 간주하는 신용화폐가 민간의 수요에 따라 발행되고 상환을 통해 사라지기에, 화폐의 초과 공급은 존재하지 않으며 따라서 신용화폐의 발행, 즉 은행신용의 증가가 상품가격에 영향을 주지 않는다고 생각한다. 그래서 박만섭은 투크Tooke가 분류한 '창구 뒤 업무business behind the counter'를 설명하면서 "이 업무는… 은행의 대부 혹은 환어음 할인을 통해 이루어"지고, "여기서 화폐의 형태는 신용증서"인데, 이는 수요에 맞춰서 발행되므로, "이렇게 신용을 통해 발생하는 활동은 상품들의 가격에 직접적인 영향을 줄 수 없다"라며, 신용은 수요가 있을 때만 창출되고, "거래가 끝나서 신용이 변제되면 신용증서"가 폐기된다는 것을 이유로 제시한다(같은 책: 131).

마르크스가 분석했듯이 환어음 같은 상업신용은 상품자본의 대부이기에 상업신용의 증가가 상품 초과 수요를 낳는다고 할 수 없다. 그러나 상업신용을 초과한 은행신용의 증가는 상품 초과 수요를 만든다. 따라서 상품가격이 상승하게 된다. 포스트케인지언이 말하는 민간의 신용화폐 수요에 대부분 응하는 은행의 신용화폐 공급은 당연히 상업신용을 초과한 은행신용의 증가, 즉 신용 팽창을 만든다.

예금 자체가 몇 배수의 대부자본으로 이루어져 있고 화폐의 대부, 즉 은행신용은 또 몇 배수의 대부자본을 낳기 때문이다. 마르크스는 주기적인 물가 상승과 하락, 즉 상품 가치에서 괴리하는 가격의 상승과 하락은 신용제도와 관련해서 분석해야 한다고 했다. 경기 과열기의 물가 상승은 과도한 신용 팽창의 결과이고, 위기 때의 물가 급락 발생은 경기 상승기와 과열기 때 신용 팽창과 함께 조성된 상품의 과잉생산이 신용 수축 및 경색을 수반하며 판매 불능으로 전환되기 때문이다. 그러므로 화폐의 대부분이 신용화폐이고, 신용화폐는 민간의 수요에 따라 발행되어 상품가격에 영향을 주지 않는다는 논리는 물가 변동 분석에서 가장 큰 결함이 된다.

포스트케인지언의 가격 결정 방정식(같은 책: 105)은 다음과 같은데, 여기에도 문제가 있다.

$Py = uWN$ ...... (7.9)

P=일반 물가수준, y=실질 소득, W=명목임금률, N=총고용량, u: 기업들의 가산율 평균

먼저 이 가격 결정 방정식에는 불변자본 변수가 포함

되어 있지 않다. 기업은 노동력만 채용하여 상품을 생산하지 않으며 원료, 기계, 노동 도구, 공장 등의 불변자본이 반드시 투입된다. 이런 불변자본은 화폐로 구매하기에 생산된 상품에 불변자본의 소모된 비용이 화폐로 환산되어 포함되어야 한다. 그리고 상품의 가치를 결정하는 요소는 노동자가 상품을 생산할 때 지출한 노동시간이다. 그래서 상품 생산에 노동자의 노동이 얼마나 많이 지출되었는지 노동시간으로 계산하고, 단위 노동시간당 화폐 가격을 계산하여 생산적 노동이 창조한 가치를 계산해서 포함해야 한다. 이 식에서 가산율 평균은 기업이 비용에 덧붙이는 이윤의 평균율을 의미하는 것인데, 따라서 포스트케인지언의 관점에서 이윤은 기업이 상품 생산비용에 '임의로' 추가하는 것이 된다. 이윤은 기업이 생산비용에 임의로 추가하는 것이 아니라 생산된 상품의 가치 가운데 불변자본의 비용과 노동자의 임금에 해당하는 노동 외에 노동자가 대가를 지불받지 않고 수행하는 부불노동으로 창조된 잉여가치가 화폐로 실현되는 부분이다.

포스트케인지언의 인플레이션론은 갈등 이론conflict theory of inflation으로, 이는 비용 인상 인플레이션이다(같은 책: 381). 갈등 이론의 핵심은 기대 인플레이션을 반영하여 결정된 명목임금에 의해 희생당한 목표 이윤 몫을 벌충하기 위해 기업이 상승한 생산비에 더해서 이윤에 해당하는 가산액을 증가시켜 물가가 상승한다는 것이다(같은 책: 382-383). 포스트케인지언은 기업이 독과점력을 가지기에 가격 설정력이 있는 것으로 가정한다(같은 책: 381). 칼레츠키적인 가산 이론에 따르면 상품의 가격은 단위 가변비용(임금과 재료 비용)에 이윤에 해당하는 가산액mark-up이 더해져 결정된다(같은 책: 382). 명목임금은 노동자들(노동조합)과 기업이 기대 인플레이션에 기초해서 임금 협상을 통해서 결정된다(같은 책). 협상으로 결정된 명목임금에 따라 경제 총소득에서 임금 몫과 이윤 몫이 결정되어 소득분배가 이루어진다(같은 책). 만약 협상 이윤 몫이 목표 이윤 몫보다 적으면 기업은 시장 장악력을 행사하여 명목임금 상승을 단위 가변 비용에 반영할 뿐만 아니라 목표 이윤 몫을 달성하기 위해 가산액을 증가시키므로 물가가 상승한다(같은 책: 382-383). 하지만 노동자의 입장에서는 물가 상승으로 임금 몫이 감소하므로 다음 회기의 임금 협상에서 더 높은 기대 인플레이션에 기초하여 더 높은 명목임금을 요구하고, 기업은 다시 목표 이윤 몫에 근거하여 가격설정을 하므로 물가가 계속 상승한다는 것이다(같은 책: 383). 따라서 물가 상승의 근본 원인을 결국 상품 생산비인 임금의 상승에서 찾고 있다고 할 수 있다. 포스트케인지언에서는 물가 상승 전에 노동자가 기대 인플레이션에 근거해서 임금 인상을 요구하며 자본가와 임금 협상을 벌인다고 묘사하지만, 임금은 노동자의 생산비이기에 논리적으로 임금재 가격이 결정된 후에 결정되며, 따라서 임금의 상승은 물가 상승 후에 일어나는 것이고, 자본가와 노동자의 임금 협상이란 기본적으로 임금재 물가 상승을 임금에 반영하여 임금을 보전하기 위한 노력의 절차이다.

6) 현대화폐이론MMT과 인플레이션론 비판

현대화폐이론MMT(이하 MMT로 표기)은 포스트케인지언의 한 갈래이지만, 독자적인 이름을 가지고 있으니 별도로 검토하겠다. 대표적 이론가인 랜덜 레이L. Randall Wray의 『균형재정론은 틀렸다』를 보면 MMT는 화폐money의 본질을 채무증서IOC, 즉 부채로 본다(랜덜 레이, 2017: 57; 151). 그래서 "모든 화폐 '증표'는 부채의 기록이"(같은 책: 150) 된다. 화폐는 계산화폐, 즉 화폐의 표준단위(달러, 원, 엔, 유로)로서 "가격을 표시하고 금융 기록들을 정리하고 부채의 가치를 매기는 것"이라고 한다. 다시 말해 화폐의 기능 가운데 하나인 계산화폐를 화폐의 실체라고 규정한다. 그러면서 화폐 증표, 즉 종이로 된 화폐 실물은 '통화currency'이고, 이 증표는 교환의 매개물이라고 정의한다. 따라서 교환수단으로서 기능을 화폐의 실물 자체와 동일시해 버린다. 그리고 유통수단, 구매수단, 지불수단, 축장화폐, 세계화폐 등 화폐가 경제에서 수행하는 중요한 기능을 상점이 첫 개시 때 벌어들인 달러를 표구하여 기념하는 "추억물로서 기능"(같은 책: 126)과 비슷한 것으로 전락시킨다. 화폐의 가치는 화폐 공급의 많고 적음이 결정한다고 한다. 따라서 MMT는 화폐의 본질이 가치의 표현이라는 사실을 이해하지 못하며 가치의 실체, 즉 화폐 단위가 가격으로서 표현하는 것이 무엇인지 이해하지도 밝히지도 못한다. 이런 몰이해와 오해와 오류는 가치의 실체가 무엇인지, 화폐의 본질이 무엇인지를 이해하지 못한 데서 출발하고, 화폐의 여러 존재 형태와 각 존재 형태가 가진 기능(가치척도, 유통수단, 지불수단, 계산화폐, 축장화폐, 세계화폐 등)을 논리적으로 그리고 총체적으로 이해하지 못한 데서 발전한다.

그리하여 MMT는 화폐의 본질은 부채이며, 화폐의 실체는 계산화폐이고, 어음과 수표를 민간이 발행하는 화폐라고 하며, 화폐의 가치는 화폐 공급의 많고 적음이 결정한다면서, 오류를 지닌 그리고 겉도는 표현들을 열거하며 어떤 사실을 밝힌 것처럼 행세하고 있다. 화폐의 가치가 화폐 공급의 다소에 의해 결정된다는 주장은 리카도의 화폐수량설과 비슷하다.

MMT의 주장에 따르면 화폐는 부채이므로, 화폐(부채)가 많이 공급되면 부채의 가치가 줄어든다는 논리로 귀결될 수 있는데 부채가 많다고 부채의 가치, 즉 부채의 크기가 줄어드는가? 이보다 더 근본적으로 살펴보면, 화폐가 부채이고, 화폐는 또한 부채의 가치를 매기는 척도라고 주장하므로 부채가 부채의 가치를 측정하는 것이 되는데, 이는 "설탕의 가치를 설탕으로 측량하는 것"(같은 책: 96)처럼 성립하지 않는 말이다. 다시 말해 순환논리이며, 비논리이다. 설탕의 양을 서로 비교할 수는 있어도 설탕의 가치를 설탕으로 측정하지는 못한다. 설탕 1킬로그램의 가치는 설탕 1킬로그램과 같다. 즉, 설탕 1킬로그램=설탕 1킬로그램이라는 진술은 설탕의 가치를 표현하는 것이 아닌, 같은 무게의 설탕은 같은 무게를 가지고, 같은 가치를 가진다는 동어 반복일 뿐이다. 이러한 모순적인 주장들은 가치의 실체가 인간의 추상노동이고, 화폐가 가치의 표현이라는 사실과 가치와 가격의 차이를 깨닫지 못하고 있는 것에서 기인한다. 현대 불환지폐가 가치 저장 수단이 되지 못한다는 잘못된 주장(같은 책: 132)을 하는 것도 화폐가 가치의 표현이라는 점을 알지 못하기 때문이다. 현대 불환지폐가 가치 저장 수단이 아닌데 저축을 하며, 현금 자산이 증여되는 이유는 무엇인가?

MMT는 "화폐가 유통되는 원동력은 조세"(같은 책: 136)라고 주장한다. 다시 말해 화폐가 유통수단 및 지불수단으로서 유통되는 이유가 국가가 세금을 계산화폐, 즉 화폐 단위로 책정하여 부과하기 때문이라고 한다. 세금에서 가장 큰 비중을 차지하는 세목들은 소득세, 법인세, 재산세 등 경제활동과 관련된 것이며, 경제활동과 직접적으로 관련된 세목이 아니라 할지라도 납세자는 경제활동으로 세금을 마련해야 한다. 자본주의에서 경제활동은 상품의 생산, 유통, 소비와 관련되며, 이런 경제활동이 화폐 유통의 우선적 이유이고, 조세는 이런 경제활동 후에 일어나는 것으로서 부차적이다. 더 본질적으로 화폐는 가치의 표현으로서, 상품의 가치를 측정하는 가치척도로서, 가격을 표현하는 가격의 도량기준으로서, 상품을 유통하는 유통수단으로서 우선적 기능을 함으로써 유통되는 것이다. 그리하여 MMT는 "정부가 세금을 필요로 하는 것은 세수를 얻기 위해서가 아니라 사람들이 노동, 여러 자원, 생산물을 정부가 발행한 통화와 교환하여 판매하도록 만들기 위함이다"(같은 책: 142)라며 화폐가 유통되는 중요한 이유가 상품 거래에 있다고 자백하며, 자신들의 주장에 있는 모순을 스스로 인정한다.

MMT는 "각종 실물 자산들은 어떻게 '화폐화'되는가?"(같은 책: 151)라는 질문을 던지면서 상품을 실현하는 데 필요한 화폐가 어디서 오는지 살펴본다. 그러고는 새로 지은 집의 가치를 실현하는 화폐, 다시 말해 새로 생산된 상품과 교환되는 화폐는 궁극적으로 대출을 통해 얻는 것이라고 결론 내린다(같은 책: 152-153). 이는 잘못된 주장이다. 상품 생산 사회인 자본주의에서 화폐는 생산된 가치를 표현하며, 화폐가 금은처럼 민간이 생산한 화폐 상품이든 불환지폐처럼 국가가 발행한 것이든 상품 유통 과정이라는 용광로를 통해서 탄생한다. 마르크스의 상품 교환 정식인 C-M-C가 그 해답이다. 상품을 구매할 화폐를 얻으려면 먼저 상품을 생산해야 한다. 빚을 내서 화폐를 구했다고 하더라고 결국은 그 빚을 갚아야 하고, 그러기 위해서는 상품(가치)을 생산하여 판매함으로써 화폐를 얻어야 한다. 화폐가 금과 같은 화폐 상품일 때는 교환되는 상품만큼의 가치의 창조를 의미함과 동시에 가치의 표현이고, 현대 불환지폐일 때는 교환되는 상품에 들어 있는 노동량만큼의 가치를 표현하는 증표이다. 화폐 상품이든 불환지폐 같은 가치증표이든, 화폐는 가치의 표현으로서 생산되고 실현된 가치를 표현한다. 예를 들어 노동자의 경우 노동력이라는 상품을 재생산하는 가치를 실현한 화폐, 즉 임금으로 상품을 구매한다.

MMT는 "누군가의 금융 자산은 다른 누군가의 금융 부채"(같은 책: 63)라는 논리로 "정부의 부채는(통화, 은행의 지급준비금, 재무부 채권 포함) 비정부 부문의 금융 자산"(같은 책: 58)이라고 한다. 이런 논리에 기초하여 민간 부문이 흑자를 내려면 정부가 적자를 내야 한다고 주장한다. 과연 정부가 적자를 내야만 민간 부문이 흑자를 낼 수 있을까?

한 해 민간이 1조 원의 상품을 생산하는 경제를 고려해 보자. 이때 생산 부문은 생산수단과 소비수단을 생산하는 두 부문으로 구성되어 있고, 각 부문에서 5천억 원의 상품을 생산하고, 수요와 공급이 일치하여 각 부문의 자본가와 노동자가 모든 상품을 구매해서 소비한다고 가정한다. 총이윤은 총생산의 20%인 2천억 원이고, 총임금도 2천억 원이며, 소모된 불변자본이 6천억 원이라고 가정한다. 이때 상품 구매자는 자신이 이미 생산한 상품으로 실현한 화폐를 가지고 구매한다. 자본가의 화폐는 자신의 공장에서 생산된 상품을 판매하여 벌어들인 것이고, 노동자의 화폐는 자신의 노동력을 자본가에게 판매하여 벌어들인 것이다. 전체 상품 1조 원어치가 자본가와 노동자에 판매되어 총자본은 2천억 원의 이윤을 벌게 된다. 그리하여 총자본은 정부의 재정적자 없이도 2천억 원의 흑자를 달성하게 된다. 논리상 세금은 경제활동 후 거두는 것이므로 정부가 이윤과 임금에 각각 10%를 과세하면 400억 원의 세금을 거두게 된다. 만약 정부 과세가 원천징수여서 상품 판매량이 감소하면 그만큼은 거둬들인 세금으로 구매해야 할 것이다. 그런데 정부가 국채 200억 원을 발행하여 600억 원을 지출하게 되면 200억 원의 재정적자가 발생하게 될 것이다. 이 200억 원어치 국채를 자본가가 매입했다면, 200억 원의 재정적자를 만들어서 민간이 흑자가 된 것이 아니라 민간은 이미 흑자였으며 자신들이 가지고 있던 화폐, 즉 금융자산으로 정부의 국채를 매입했을 뿐이다. 따라서 자본가(민간)의 흑자 규모는 세전 2천억 원, 세후 1800억 원 그대로일 뿐이다. 따라서 정부의 적자가 아니어도 민간은 흑자를 낼 수 있다.

여기서 더 나아가 MMT가 좋아하는 부채의 화폐화를 위해서 국채 200억 원을 중앙은행의 화폐 발행으로 매입한다고 가정해 보자. 그러면 유통 영역에는 부채 액수만큼 화폐가 투입되고 생산성과 상품 생산량은 불변인데 상품가격 총액은 1조 원에서 1조 200억 원으로 상승하게 된다. 화폐는 가치의 표현이기 때문에, 무가치한 지폐가 추가적으로 투입되면, 즉 유통 영역에서 필요한 양을 초과한 화폐량이 공급되면, 더 많은 화폐가 기존에 생산된 가치량을 표현하게 된다. 달리 말해서 같은 화폐 단위가 더 적은 노동시간을 대표하게 된다. 그러므로 부채의 화폐화는 인플레이션을 발생시킬 수 있다.

부채의 화폐화에서 MMT의 논리적 문제가 하나 더 있는데, 정부가 발행한 국채를 중앙은행이 신규로 발행한 화폐로 매입하는 방식으로 재정적자를 충당하여 화폐 공급이 일어난다면, MMT의 논리에서는 정부의 부채를 2배로 과대 계산해야 옳다. 왜냐하면 MMT 주창자들에게 화폐는 그 자체로 부채IOC이기 때문이다.

그리고 MMT가 회계 원리와 현실의 이자 낳은 자본, 즉 대부자본의 운동 간 차이에서 인식하지 못하는 점이 있다. 장부상의 금융 자산과 금융 부채가 일치하더라도 신용 창출에 의해 금융 부채가 금융 자산보다 훨씬 클 수 있다. 본원통화량이 1조 원이고, 지급준비율이 20%라면, 신용 승수를 적용하면 4조 원의 신용이 창조된다. 원래 금융 자산인 본원통화량이 1조 원인데, 4조 원의 신용 즉 부채가 창조되었으니, 부채가 자산보다 4배 많은 것이다. 물론 담보를 설정하겠지만 자본주의에서는 부채를 토대로 부채가 창조되는 신용제도의 관행으로 부채가 자산보다 훨씬 많이 창조될 수 있다. 그래서 금융 자산의 크기와 금융 부채의 크기가 일치한다는 가정과 그런 가정하에 금융 부채만큼 금융 자산이 존재한다고 가정하는 것도 옳지 않다.

MMT는 인플레이션의 원인을 세 가지로 보고 있다. 어떤 경우에는 소비자물가지수CPI를 측정하는 방식과 관련되고, "어떤 경우에는 '보몰의 질병Baumol's Disease'과 관련"되고, "어떤 경우에는… 시장 권력(노동조합과 과점체들)과 관련"된다고 한다(같은 책: 504). 인플레이션의 척도로서 CPI 측정 방식이 완전하지 못한 것에 대해 문제를 제기하는 첫 번째 경우를 제외하면, 두 번째와 세 번째 원인은 모두 임금의 상승과 관련된다. '보몰의 질병'과 관련된다는 것은 생산성이 증가하지 못한 부문들에서 생산성이 향상된 부문들과 마찬가지로 임금이 계속하여 상승하면서 전반적 물가 상승이 일어난다는 논리이다. 노동조합과 과점체 간 시장 권력 문제라는 것은 앞서 포스트케인지언 이론에서 말한 갈등 이론의 설명과 같다. 따라서 MMT는 생산비용 가운데 임금이 상승하면서 전반적으로 물가가 상승한다고 주장한다고 할 수 있다. 앞서 얘기했듯이 논리적으로 임금은 임금재 가격 상승 후에 일어나는 것이므로 MMT의 주장은 논리에서 틀렸다. 그리고 "인플레이션보다는 디플레이션 쪽이 더 나쁜 것이다"(같은 책)라고 주장하므로 MMT 이론가들은 서민들의 복지 확대를 옹호하는 정책을 생산하는 활동을 벌이는 것과 모순되게 기업의 편에서 논리를 펴고 있다. 랜덜 레이는 인플레이션이 더 낫다는 주장의 근거로 "부채의 원리금 갚기도 쉽게 해 주므로"라는 케인스의 말을 인용하며, 1970년대 미국의 인플레이션으로 미국 대학 졸업자들이 학자금을 쉽게 갚았을 것이라고 말한다(같은 책: 505). 그 이유로 "대출 원리금은 명목치로 고정되었지만 명목임금은 인플레이션에 거의 정비례해서 상승"했다는 것을 든다(같은 책). 만약 인플레이션이 일어나지 않은 채 명목임금이 상승했다면, 채무 상환은 훨씬 더 쉬웠을 것이다. 그리고 명목임금의 상승은 물가 상승의 결과로 일어나는 것이고 물가 상승으로 하락한 실질임금을 만회하기 위한 것이므로 명목임금이 인플레이션에 정비례해서 상승한다고 해서 대출금 상환에 도움이 된다고 할 수 없다. 디플레이션이 위험한 질병이라고 주장하지만, 노동자와 서민들에게는 인플레이션보다 더 좋은 현상이라 할 수 있다.

MMT는 인플레이션 또는 하이퍼인플레이션이 화폐의 초과 공급 때문이라는 통화주의자들의 화폐수량설을 부정한다. 그리고 재정적자나 정부 지출 증가가 인플레이션의 원인이 아니라 인플레이션의 결과로 생겨난다고 한다(같은 책: 518). 그 근거로 "높은 인플레이션 상황에서는 조세수입이 정부 지출보다 뒤처지게 되며, 결국 적자를 발생시키게 된다는 것이다"(같은 책: 517)라며 브라질 재무 장관 루이즈 카를로스 브레서-페레라Luiz Carlos Bresser-Pereira의 주장을 제시한다. 그러면서 "그래도 정부가… 적자를 줄이면 이것이 인플레이션의 압력을 줄이게 될 것이다"(같은 책: 518)라고 한다. 이는 재정적자 또는 재정 지출 증가가 최소한 인플레이션의 원인 가운데 하나라는 것을 인정하는 것이다. 그리고 인플레이션 상황에서 세입이 증가할 수 있으며, 인플레이션 이전에 재정적자가 발생할 수 있다. 따라서 브레서-페레라의 주장이 인플레이션 발생 후에 재정적자가 일어난다거나 재정적자가 인플레이션의 원인이 아니라는 주장의 근거는 되지 못한다. 또한 "전쟁 시기에는 정부의 지출 증가로 수요가 늘어나며 물품 부족이 야기되며 물가가 치솟으므로 인플레이션이 벌어지는 것이 보통이다"(같은 책: 519)라고 한다. 그러나 미국 남북전쟁 시기 북부 연방이 남부 연합보다 인플레이션이 심하지 않았던 까닭은 세금을 거두었기 때문이라고 한다. 인플레이션의 정도야 어쨌든 MMT는 정부 지출 증가를 인플레이션의 원인으로 보고 있다. 더군다나 MMT는 정부 지출을 통화 공급으로 보고 있다. 또한 재정 적자나 정부 지출 증가를 사실상 물가 상승의 원인으로 보고 있기에 화폐 공급의 증가가 인플레이션의 원인이 아니라며 통화주의자들의 화폐수량설을 부정하는 것은 모순이다. MMT가 정부 지출 증가를 인플레이션의 원인 가운데 하나로 보고 있고, 정부 지출이 화폐 공급의 일환이라면, 그들의 인플레이션론은 인플레이션이 화폐적 현상이라는 통화주의자들의 화폐수량설의 입각해 있다고 할 수 있다. 그리고 화폐의 가치를 화폐 공급의 많고 적음이 결정한다는 논리도 화폐수량설의 논리와 같다.

8. 최근의 인플레이션 가속에 대하여

1) 미국의 인플레이션 상승

세계보건기구WHO가 코로나19가 세계적인 대유행으로 접어들었다고 선언한 2020년 3월부터 물가 인플레이션 가속이 일어나기 시작한 2021년 4월 전까지 13개월 동안 미국의 월별 종합 소비자물가지수CPI의 전년 대비 상승률 평균은 1.2%로 인플레이션 둔화의 수준을 보였다. 이는 미국의 기업 이윤율과 투자율이 둔화하며 경제성장이 둔화하고 있던 2019년의 월별 CPI 상승률 평균인 1.8%보다 0.6% 포인트나 낮다. 이는 세계적인 봉쇄lockdown 및 폐쇄shutdown 정책으로 산업 생산과 산업 수요가 크게 수축했고, 많은 노동자들이 해고, 일시 해고, 휴직을 당하여 소비자 수요도 많이 줄어들었기 때문이다. 간단히 말하면, 생산활동의 감소로 산업 수요가 줄어들고 소비자 수요도 감소하여 CPI 상승률, 즉 인플레이션율이 둔화한 것이다.

인플레이션은 2021년 4월(4.2%)부터 가속하기 시작하여 종합 CPI는 2023년 2월까지 전년 대비 월평균 6.9% 상승률을 보였다. 2022년 3월부터 2022년 9월까지 7개월 동안은 종합 CPI 상승률이 8%를 초과했으며, 6월에는 9.1%를 이르렀다. 3%대로 둔화된 2023년 3월부터 2024년 6월까지는 CPI 상승률이 전년 대비 월평균 3.3%였지만 대침체great recession 이후 최근의 인플레이션 둔화 시기[1] 평균보다 훨씬 높은 수준에 있으며, 7월에서야 2.9%로 3% 밑으로 떨어졌다. 이는 물가의 상승 속도가 느려졌을 뿐이지 계속 상승하고 있음을 의미한다. 최근 미국인들은 특히 식품 가격, 주택 비용, 돌봄 비용, 자동차 보험료 등의 상승으로 생활에 상당한 어려움을 겪고 있다.

먼저 물가 변동이 실질임금 또는 실질소득의 변화에 어떤 영향을 끼치는지 경험적 데이터를 가지고 살펴보겠다. 주류 경제학뿐만 아니라 포스트케인지언이나 MMT도 이론의 측면에서 일반적으로 임금 상승을 인플레이션 발생의 원인으로 설명하지만, 앞서 논증했듯이 임금 상승은 물가 상승의 결과이다. 임금이 상승해서 물가가 상승하는 게

---

1 카르케디 및 로버츠(Carchedi & Roberts, 2022: 76)는 1960-2019년까지 미국이 CPI 인플레이션에서 장기 하락 경향이 있었다고 하며 두 개의 하위 시기로 나누는데, 1960-1979년은 인플레이션 가속 시기로, 1980-2019년은 인플레이션 둔화 시기로 규정한다.

아니라, 물가가 상승하기에 이 상승분을 보전하기 위해 노동자들이 인상을 요구함으로써 임금이 상승한다. 물론 이런 요구를 기업이 받아들이지 않으면 임금이 상승하지 않는다. 그리고 임금이 물가가 상승한 만큼 상승하지 않으면 실질임금은 하락할 수밖에 없다. 그러면 노동력의 가격이 노동력의 가치보다 하락하게 된다. 인플레이션 가속이 시작된 2021년 종합 CPI는 연간 4.7% 상승했고, 2022년에는 무려 8.0% 급등했지만, 비농업 부문 전체 노동자의 시간당 평균 실질 소득은 오히려 하락하여 2021년과 2022년 각각 변동율이 -0.3%, -2.4%였다. 그래서 인플레이션 가속이 시작된 후 상당한 기간 동안 노동자들의 실질임금은 감소했으며, 상승한 생활비에 의해 노동력 가치가 상승했음에도 불구하고, 명목임금은 물가를 따라잡을 만큼 상승하지 못해서 노동력의 가치보다 하락하여 노동자들의 생활은 상당히 궁핍해졌다고 할 수 있다.

이렇게 급격한 물가 상승으로 노동자와 서민은 큰 타격을 입었지만, 기업의 이윤은 상당히 증가하여 횡재를 누렸다. 미국의 순영업 잉여가 2021년에는 12.4%, 2022년에는 4.3% 상승했다. 이는 물가 상승으로 기업들이 이득을 봤음을 보여주는 증거이다. 급격한 물가 상승으로 노동자의

소비자물가와 실질소득변동률

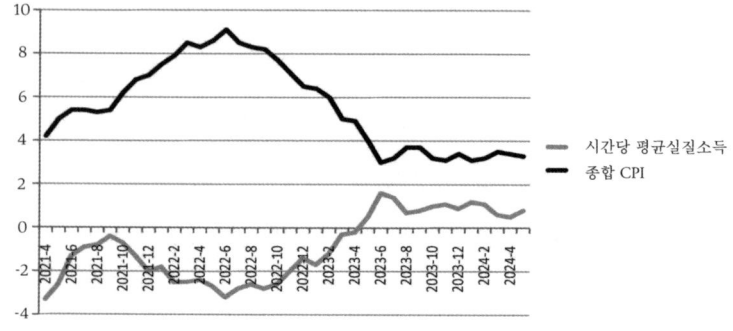

그림. 소비자물가지수 및 비농업 부문 전체 노동자 시간당 평균 소득 및 변동률
출처: 미 노동통계국(BLS)

생활비, 즉 노동력의 가치도 가파르게 상승했는데, 노동력의 가격인 임금은 물가 상승만큼 상승하지 못하여 노동력의 가치보다 하락했고, 물가 상승으로 손실을 입은 임금의 크기는 증가한 이윤에 포함되었을 것이다. 그리고 수요 증가로 발생하는 생산비 증가분 이상의 소비자물가 상승분은 초과 이윤을 발생시키는데, 어떤 기업이 초과 이윤을 더 많이 가져갈 것인지는 산업 부문 간 그리고 기업 간 힘 관계에 의해 결정될 것이다.

주류 경제학자들이 제시하는 최근 세계 인플레이션 급등의 요인을 살펴보면, 크게 세계 공급망 교란, 공급의 제한과 수요의 급증, 러시아-우크라이나 전쟁, 원유 및 에너지 가

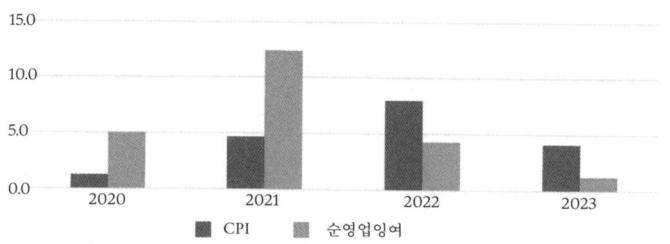

표: 소비자물가지수 및 순영업잉여 변동률
출처: 미 노동통계국(BLS)

격 상승, 운송 및 물류 체계의 교란으로 인한 운송비 상승과 운송 시간 증가이다. 주류 경제학자들의 연구에서 가장 많이 공유하고 있는 관점은 대유행 시기 경제 회복기에 나타난 총수요의 증가가 인플레이션 상승의 가장 중요한 요인이라는 것이다. 코로나19 대유행이 발생하면서 세계적으로 필수품 외에는 생산을 제한하고, 국경을 폐쇄하고, 사회적 거리두기를 시행하는 봉쇄 및 폐쇄 정책을 취하면서 생산과 소비가 제한되었는데, 경제활동이 재개되면서 억눌린 수요의 분출pent-up demand이 나타났지만 공급이 제한되어 수요를 충족시키지 못해 물가가 급등했다는 것이다. 세부적으로 들어가면 연구마다 강조점이 다르다. 차우 등(Chau, V., Martinez, M. M. C., Kim, M. T., & Spray, J. A., 2024)은 세계적인 봉쇄 정책과 뒤이은 동시적인 봉쇄 해제로 인한 총수요의 급증이 세계 인플레이션의 상승을 만들었으며, 그러한 효과가 가격 압력을 완화하는 공급망 정상화의 혜택을 압도했다고 주장한다. 재정 및 통화 정책도 상당한 인플레이션 효과를 가졌지만, 2020년 디플레이션을 막는 데 중요한 역할을 한 반면에 회복기에는 정책의 효과가 줄었다고 한다. 따라서 그들은 재정 부양책으로 부양된 수요가 아니라 동시적인 봉쇄 해제로 부양된 수요라고 제시하는 점에서 전통적인 견해와 다르다고 강조한다. 줄리안 디 지오반니 등(Di Giovanni, J., Kalemli-Özcan, Ş., Silva, A., & Yildirim, M. A., 2023)은 2020~2021년에는 생산 요소 부족과 공급 부족으로 인플레이션이 발생했고, 2021~2022년에는 완화적 정책으로 총수요가 증가하여, 공급 부족 상황에서 원래의 공급망 병목 현상이 심화되어 세계 인플레이션 상승이 초래되었다고 주장한다. 따라서 인플레이션 급등의 원인은 세계 공급망 교란으로 인한 공급 부족 상황에서 정부의 부양책으로 인한 총수요 급증이라는 것이다. 따라서 이들은 총수요의 급증 요인으로 정부 부양책에 무게를 둔다. 코민 등(Comin, D. A., Johnson, R. C., & Jones, C. J., 2023)은 2021년 후반기와 2022년에 미국이 겪은 인플레이션 급등은 재화 가격 인플레이션이 주도했는데, 이는 봉쇄 해제로 소비자 지출이 회복되던 시기에 세계 공급망 교란과 생산 능력 제약으로 인해서 재화의 공급이 수요의 증가를 충족시키지 못하여 발생했다고 주장한다. 그리고 2021년의 수입 산업원료 가격의 상승과 석유 및 파생 연료 가격의 급등, 2022년의 운송비의 급등을 지적한다. 알레산드리아 등(Alessandria, G., Khan, S. Y., Khederlarian, A., Mix, C., & Ruhl, K. J., 2023)은 대유행 시기 봉쇄 및 폐쇄 정책으로 인한 공급망 교란으로 미국 내 상품 재고가 고갈되고, 미국 내외의 납품 소요 시간lead time과 수송 시간이 증가하고, 공급의 제한이 있는 상황에서, 봉쇄 해제와 정부 부양책으로 소비자 수요가 증가하여 물가가 상승했다고 주장한다. 줄여서 말하자면, 공급망 교란으로 인해 공급이 부족한 상황에서 수요가 증가하여 인플레이션이 발생했다는 것이다. 애드제미안 등(Adjemian, M. K., Arita, S., Meyer, S., & Salin, D., 2024: 650)은 2021년 중반부터 급등한 미국 식품 가격 인플레이션 요인들을 분석하는데 공급망 교란, 노동력 부족, 운송비 상승, 임금 상승, 가처분소득 증가, 러시아-우크라이나 전쟁이 초래한 식품 및 비료 충격, 통화 및 재정 부양책을 지목한다. 이들은 지속적인 인플레이션은 수요가 유발하는 경향이 있으며, 수요 측면 요인인 통화량이 과거보다 두드러진다고 서술하면서도 대유행 초기에는 수요 측면 요인이 중요한 기여를 했지만, 시간이 지나면서 공급 측면 요인들이 지배적인 기여를 했다는 모순적인 설명을 한다(같은 책: 654). 디아즈 등(Diaz, E. M., Cunado, J., & de Gracia, F. P., 2023)은 최근 미국 물가 인플레이션 급등을 외생적 충격, 즉 세계 공급망 교란과 상품가격 상승에 의한 것으로 본다. 이들은 대유행 시기의 인플레이션율은 세계 공급망 교란에 의해 영향을 받았고, 회복기에는 상품 시장 교란이 높은 인플레이션을 초래했다고 주장한다. 마지막으로 주류 거시 경제학계에서 큰 지배력을 행사하고 있는 벤 버냉키와 올리비에 블랑샤르Bernanke, B., & Blanchard, O.는 식품과 에너지 가격의 충격이 인플레이션에 큰 기여를 했다고 한다. "특히 에너지 가격 충격은 2021년 말과 2022년 상반기 종합 인플레이션 상승과 2022년 하반기 인플레이션 하락에서 큰 부분을 설명한다"(Bernanke, B., & Blanchard, O., 2023: 25-26)고 한다. 그리고 "부문별 공급 부족은 2021년 2분기 인플레이션의 주된 원인"(같은 책: 26)이었다고 한다. 그러면서 빡빡한 노동시장 상황은 인플레이션의 주요한 동인은 아니라고 하면서도 시간이 지나면서 인플레이션의 요인이 되어가고 있다고 모순되게 주장한다. 정리하자면 이들이 분석한 2020~2023년 1분기 사이에 일어난 인플레이션 주요 동인은 총수요 과잉과 공급 제한에 의한 상품가격 급등이라고 할 수 있다. 따라서 디아즈 등을 제외하면 공급망 교란으로 공급이 제한된 상태에서 봉쇄 해제 시기(회복기)에 나타난 총수요의 급증이 인플레이션 급등에 대한 핵심적 설명이며, 총수요의 급증이 봉쇄 해제 자체에 있는지, 아니면 재정 및 통화 정책 등의 정부 부양책에 있는지, 아니면 둘 다 고려하는지에 따라 차이를 가진다. 주류 경제학자들은 다양한 변수를 인플레이션 상승 요인으로 제시하지만, 그 변수들은 결국 공급과 수요의 요소로 귀결되며, 따라서 공급과 수요의 크기로 인플레이션을 설명한다. 공급의 감소는 인플레이션 요인이고, 수요의 감소는 디플레이션 요인이며, 공급의 증가는 디플레이션 요인이고, 수요의 증가는 인플레이션 요인이다. 임금, 에너지 가격, 공급망 교란, 운송비, 농산물 가격 등은 공급 측면 변수이고 통화량, 1인당 가처분 소득 등은 수요 측면 변수로 분류된다(Adjemian, M. K., Arita, S., Meyer, S., & Salin, D., 2024: 653). 이는 주류 경제학이 상품의 가치 차원은 몰각하여 가치의 변동은 고려하지 못하고, 피상적으로 관찰되는 가격의 변동만 고려하여 이를 공급과 수요의 변동으로 설명하려고 하기 때문이다.

마르크스주의 경제학자 코스타스 라파비챠스는 최근

인플레이션 가속의 "근본 원인이 통화주의자들이 주장하듯이 과도한 화폐 창출에 있지 않"으며, 케인스의 전시 재정war finance 논의의 틀을 빌어, "총공급은 지속적으로 약했는데, 세계경제의 중심 국가들이 총수요를 부양한 것에서 근본 원인을 찾을 수 있다"라고 주장한다(Lapavitsas, 2022: 149). 그리고 "생산 측면의 약화를 분석하기 위해서는 마르크스주의 정치경제학, 특히 저조한 이윤율의 역할에 기대는 것이 필요하다"라며, "공급 측면 약화의 근본적 이유는 적어도 2007~2009년 위기 이후 중심 국가들에서 자본주의 축적의 내적 작동 체계(평균이윤율을 결정하는 실질임금과 노동생산성의 상호작용을 의미함_인용자)의 쇠락"(같은 글)이라고 말한다.

라파비챠스가 정리한 케인스 전시 재정 논의의 요점은 정부의 군비 지출은 총수요를 부양하고, 완전고용과 고용 과잉을 초래할 수 있으며, 따라서 노동자들이 상당한 가처분소득을 가질 수 있기에 소비가 증가할 수 있고, 이로써 총수요와 총공급의 불균형이 초래되어 인플레이션이 발생하면, 국민 생산량에서 노동자들이 소득을 적게 청구하기에 강제 저축(그리하여 세금)으로 작용하고, 그 결과 인플레이션은 자본가의 이윤을 늘리는 기능을 하므로 소득을 노동자에게서 자본가에게로 이전하는 것이라는 점이다. 여기서 인플레이션으로 자본가의 이윤이 증가할 가능성에 대한 주장은 옳으나, 완전고용에 의한 가처분소득의 증가로 소비가 증가한다는 측면은 최근 국면과는 맞지 않는 것 같다. 미국의 경우 대유행 발생으로 많은 노동자와 대중이 일자리를 잃었는데, 비농업 부문 총고용이 2020년 2월 1억 5230만 명 정도였는데, 5월에는 1억 3304만 명으로 세 달 동안 1927만 명이 감소했으며, 인플레이션 가속이 진행된 지 1년이 훨씬 지난 2022년 6월이 되어서야 총고용이 대유행 이전으로 회복되었기 때문이다. 그리고 노동자의 시간당 평균 실질소득은 인플레이션 가속 이후 2023년 4월까지도 계속 감소했고, 고용의 회복에서 파트타임 일자리가 어느 정도 기여했을 수 있기 때문이다. 따라서 소비의 증가는 가처분소득 증가나 라파비챠스가 언급하는 저축의 증가보다는 노동자와 학생의 은행 대출 증가에서 비롯된 것으로 보인다. 저축의 증가는 마이클 로버츠Michael Roberts도 지적하듯이 인구의 대부분을 차지하는 노동자와 서민보다는 부유층에 의한 것으로 보인다. 그리고 대유행 시기 정부의 부양책이 물가 상승에 영향을 줄 정도의 규모였는지도 의문스럽다. 공급의 약화 요인으로 대침체 이후 낮은 평균이윤율을 언급하고 있는데, 낮은 이윤율을 공급 약화와 직접 연결하기에는 논리적 단절이 존재한다. 이윤율과 생산 능력 또는 생산 규모 사이에는 투자율이라는 고리가 존재하며, 투자는 이윤 외에도 신용제도를 통한 자금 조달로 일어날 수 있다. 공급의 약화를 직접 설명하려면 생산 능력 또는 생산 규모의 변화 자체에 대한 분석이 필요하다. 라파비챠스는 주류 경제학자와 마찬가지로 가치 차원의 변동 요인과 가격 차원의 변동 요인을 구분하지 않으며, 결국 공급과 수요 요인을 매개로 가격 차원에서 최근 인플레이션 급등을 설명하고 있다. 또한 그는 "명목임금이 재화 및 용역 가격보다 적게 오른다면 노동자의 실질 소득은 하락하고 전체 물가의 상승 경향이 점차 잦아들 가능성이 있다"(같은 책: 161)라고 주장하며, 임금 상승을 물가 상승의 요인으로 고려하고 있음을 은연중에 내비친다.

마이클 로버츠는 대유행 이전 30년 동안 통화량 증가율은 안정적이거나 상승하였지만, 인플레이션 둔화를 경험했다며, 통화량 증가가 인플레이션을 낳는다는 통화주의자의 주장을 비판한다(Roberts, 2020). 대유행 시기 미국 정부의 경기부양책을 통해서 가계에 지원된 현금은 채무 상환과 임대료 및 건강보험료 납부와 저축에 사용되어 여행·레스토랑·비필수 품목에 지출될 만큼 남지 않았을 것이라며, 경기부양책이 총수요를 증가시켜 인플레이션 가속에 기여할 수 있다는 주장을 반박한다(Roberts, 2021a). 그리고 이 기간 동안 저축의 증가는 고소득층에 집중되었기에 이것이 물가 상승에 기여했을 가능성은 적다고 말한다(Roberts, 2022a). 따라서 억눌린 수요의 분출이 물가 상승의 요인은 아니라는 것이다. 로버츠는 최근 인플레이션 가속의 주요 원인을 농산물·금속·에너지 상품 생산의 더딘 회복으로 인한 이들 상품가격의 급등과 세계 공급망 교란으로 인한 공급과 수요의 불균형으로 보고 있다(Roberts, 2021b). 그는 세계 공급망 교란을 일으킨 공급 문제가 이윤율 하락으로 2019년에 이미 일어난 산업생산량·국제무역·기업투자·실질 GDP 성장의 둔화가 지속된 것이라고 주장한다(Roberts, 2022a). 그리고 그는 통화 당국과 주류 케인지언 경제학자들이 주요 원인으로 지목하는 '초과 수요'에 대해 두 가지 근거를 들어서 반박한다. 첫째, 미국의 산업 생산량이 2020년 심각한 수축에서 2021년 급증했지만 산업생산지수는 여전히 7년 전보다 높지 않고, 2008년 대침체 직전보다 조금 높다는 것이다(같은 글). 둘째, 소비자 수요의 척도로 간주되는 소매 매출이 극적인 호황을 보여주었지만, 인플레이션을 감안하면 2021년 실질 지출은 하락했다는 것이다(같은 글). 따라서 로버츠는 공급이 수요를 충족시키는 데 실패한 것이 인플레이션의 주요한 원인이라고 지목하는데, 공급의 문제에 방점을 둔다. 앞서 언급한 2019년 경제지표의 지속된 둔화에 이어 공급이 2020년 대유행 시기 침체 동안 급격하게 경색됐고, 노동생산성이 급감했으며, 2021년 회복기 동안 자본가 투자와 생산의 회복이 소비자와 기업의 수요를 충족하는 데 모자랐으며, 이는 주요 산업의 노동자 부족, 무역과 운송의 붕괴로 인한 공급망 붕괴로 악화되었고, 러시아-우크라이나 전쟁이 에너지 및 식량 공급 감소와 수출 악화를 가중시켜 식량 및 에너지 가격 급등을 초래했다고 설명한다(Roberts, 2022b).

로버츠의 문제점은 다음 인용문에 잘 드러나 있다. 가격 인플레이션은 공급으로 유발되며, 상품 수요는 노동자가 생산한 새로운 가치인 임금과 이윤의 크기에 의해 결정된다고 생각하는 점이다. 인플레이션은 생산에서 결정되는 상품 가치의 변화뿐만 아니라 공급과 수요의 불균형에 의한 가치와 가격의 괴리에 의해 발생하며, 특히 현대 자본주의 경제에서는 지속적인 신용의 증가에 의해 인플레이션 가속이 발생할 수 있다. 또한 로버츠가 최근 인플레이션 가속의 핵심 원인으로 꼽는 공급이 수요를 충족시키지 못하는 문제는 상품가격이 가치로부터 괴리하여 발생하는 가격 상승을 포함하는데, 그는 이를 간과하고 가치의 결정 또는 변동에 의한 가격 결정 또는 변동만 언급한다. 또한 인플레이션 분석을 위해 마르크스가 강조했던 신용제도도 논의에서 배제하고 있다.

> "현대 화폐 경제에서 가격은 상품 생산에 포함된 가치의 공급 및 비상품 화폐의 공급으로 결정된다. 그래서 가격 인플레이션은 공급으로 유발된다. 상품 수요는 노동자 임금과 자본가 이윤의 결합 구매력으로 결정된다"(Roberts, 2022a).

미국 소비자물가의 상승 요인은 상품 생산비용의 상승, 노동생산성 하락, 운송 시간 증가, 농·수·임업 생산량 감소, 신용을 통한 수요 증가이다. 이 요인들은 마르크스주의 측면에서 가치 상승 요인과 가격 상승 요인으로 분류할 수 있다.

생산비용의 증가에는 원유 가격 상승, 국내 및 수입 원자재 가격 상승, 기계 및 장비 가격 상승, 운송비 상승이 있다. 원유 수입 가격이 2021년, 2022년 각각 70.2%, 41.0% 상승했고, WTI 현물 가격은 2021년 73.3%, 2022년 39.4%

상승했다. 2021년 유가 상승은 2020년 5월부터 시작된 오펙플러스와 그 외 산유국들의 감산으로 일어났고, 2022년에는 오펙플러스의 점진적 증산에 의한 감산 기조 유지와 러시아-우크라이나 전쟁으로 미국과 친미 진영의 러시아산 석유 제재 부과가 더해져 일어났다. 카르텔의 석유 생산량 감산, 즉 공급 감소는 가치 상승과 전혀 관계가 없으며, 공급에 비해 수요를 상대적으로 증가시키는 효과를 가지면서 가격을 상승시킨다. 이때 원유의 가치를 초과하는 가격 상승분은 일종의 독점 이윤으로서 초과 이윤이다. 원유를 제외한 수입 산업용 원자재 가격은 2021년 24.9%, 2022년 13.6% 상승했다. 이 시기에 국제 원자재 가격 선물 시장의 변동을 나타내는 CRB 지수가 보여주듯이 원자재 가격이 큰 폭으로 상승했는데, 특히 산업에 많이 사용되는 철광석, 철강, 비철금속의 가격이 높게 상승했다. 여기에는 유가 및 에너지 가격 상승과 물류 항의 물류 처리 지연으로 인한 운송비 증가가 한 요인으로 작용했다. 대유행 시기 동안 해상 운송비가 7배 상승했다(Isaacson, M., & Rubinton, H., 2023). 이러한 원자재 가격 및 운송비 상승에 의한 생산비용의 증가는 상품의 가치를 상승시킨다. 물론 원유 외에 원자재 생산국에서 발생한 가격 상승의 원인은 따로 분석되어야 할 것이

국제 원자재 가격의 변동을 보여주는 CRB 지수
출처: tradingeconomics.com

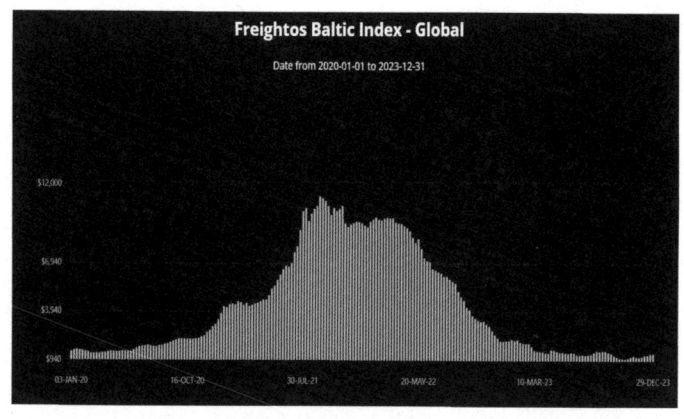

프레이토스 발틱 인덱스Freightos Baltic Index. 출처: Freightos
세계 컨테이너 화물 해상 운임료 변동을 보여준다.

다. 자연력의 영향이나 노동력 부족으로 가격 상승이 발생했다면, 가치의 상승에 의한 가격 상승으로 보아야 한다.

노동생산성이 소비자물가가 가장 높은 수준으로 치솟은 2022년에 제조업은 2.6%, 비농업 부문은 1.9% 하락했다. 노동생산성의 하락은 상품의 가치를 상승시키는 요인이다.

운송 시간은 상품의 생산기간에 포함되는 것으로써 운송 시간의 증가 또한 노동생산성 하락으로 간주될 수 있다. 운송 시간의 증가는 생산기간을 늘려서 상품의 가치를 상승시킨다. 알레산드리아 등(Alessandria, G., Khan, S. Y., Khederlarian, A., Mix, C., & Ruhl, K. J. 2023)의 조사를 보면, 대유행 시기 국제적 해상 수송 시간이 55일에서 95일로 증가했으며, 중국에서 미국 서해안까지 수송 시간이 코로나19 이전에서 2022년 초까지 40일 증가했다. 노동력 부족으로 항만의 물류 처리 속도도 정체된 것으로 나타났는데, 이것도 가치 상승의 요소이다.

미국의 농·수·임업 실질 부가가치가 2020년에 전년 대비 7.6% 증가했지만, 인플레이션이 가속화한 시기에는 2021년 0.5%, 2022년 7.3% 감소했다. 이때 식품 및 식품 서비스의 실질 소비는 오히려 2021년 12.2%, 2022년 3.2% 증가했다. 실질 부가가치의 감소는 생산량의 감소로 간주할 수 있으며, 그리고 앞서 설명했듯이 생산과정이 자연력의 영향을 받는 농·수·임업 생산물은 생산량이 감소하면 생산물 단위당 사회적 필요노동시간이 증가한 것으로 환산된다. 따라서 식품의 원료가 되는 농·수·임업 생산량 감소로 가치가 상승한 데 더해 수요의 증가로 가격이 상승했다고 할 수 있다. 농·수·임업의 생산량 감소에는 기후 변화도 영향을 주었을 것이다.

소비자물가의 전반적인 상승에 소비자 수요의 증가도 요인으로 작용했음을 실질 개인소비지출의 증가로 알 수 있다. 2021년에 노동생산성이 제조업 부문 1.5%, 비농업 부문 1.7% 상승했음에도 실질 개인소비지출은 14조 9704억 달러로 2020년보다 6.9%(9641억달러) 증가했다. 2022년은 전년보다 1913억 달러 증가했고, 2020년은 전년에 비해 1308억 달러 감소했다. 명목 개인소비지출을 보면 2021년 16조 7992억 달러로 2020년보다 1조 9974억 달러 증가했고, 2022년에는 17조 9436억 달러로 전년보다 1조 1444억 달러 증가했다. 이 시기 소비 인구의 대부분을 차지하는 노동자들의 실질소득은 감소했기에, 실질 개인 소비가 증가할 수 있었던 이유는 신용의 증가라고 할 수 있다. 소비자 대출 증가가 소비의 증가를 이끌었던 것 같다. 앞서 보았듯이 미국 전체 노동자의 시간당 실질 소득은 2021년과 2022년 모두 감소하여 변동률이 각각 -0.3, -2.4%였지만, 상업은행의 소비자 대출(세인트 루이스 연준 통계)은 2020년 1조 5228억 달러에서 2021년 1조 6533억 달러로 8.6%, 2022년에는 1조 8345억 달러로 11.0% 증가했다. 뉴욕 연준이 발행한 2024년 2분기 가계 채무 및 신용 보고서 Household debt and credit report[2]를 보면 신용카드 채무 잔액은 2020년 1분기 8900억 달러, 2021년 7700억 달러, 2022년 4분기에 9900억 달러였다. 학생 대출은 2020년 이후 계속 증가했고, 소매 카드를 포함하는 기타 대출도 마찬가지로 대유행 시기에 증가했다. 모기지론도 계속 증가했는데 이는 주택 가격 상승을 받쳐주는 역할을 했을 것이다. 따라서 이는 공급망 교란과 생산성 저하로 상품의 공급이 원활하지 못한 상황에서 실질소득이 감소한 노동자들이 자신의 소득으로 생활비를 충당하지 못하여 신용으로 생활비를 조달했지만, 오히려 물가 상승의 한 요인으로 작용하는 자본주의 체제의 모순을 보여준다고 할 수 있다.

반면에 미국 정부의 경기부양책이 인플레이션 상승에 하나의 요인으로 작용했다고 버냉키와 블랑샤르, 디 지오

---

2 newyorkfed.org/microeconomics/hhdc

반니, 알렉산드리아, 에드제미안 등은 주장하지만, 이에 로버츠도 논박했듯이 설득력이 없다. 미국 회계감사원US Government Accountability Office의 공보(GAO-22-106044)에 따르면, 대유행 시기 고실업으로 악화된 개인들의 재정난을 완화하기 위해 직접 지급된 현금은 총 9310억 달러이다. 코로나바이러스 지원, 구호 및 경제 안정법Cares Act, 종합세출예산법 2021Consolidated Appropriations Act, 2021, 미국구조계획법2021American Rescue Plan Act of 2021으로 경제충격지원금Economic Impact Payments이 2020년과 2021년까지 두 해 동안 세 차례에 걸쳐서 1억 6500만 명에게 총 8375억 달러가 지급됐고, 자녀세액공제 환급금 선지급은 총 935억 달러 이루어졌다. 따라서 회계감사원도 서술하듯이 경제충격지원금과 자녀세액공제는 수혜자들의 재정난과 식량 불충분을 줄이는 데 도움을 주었을 뿐이다. 기업 지원이나 실업수당도 마찬가지 성격이다. 그러므로 이러한 지원금이 코로나19로 인한 가계의 재정난을 약간 완화하는 데 도움을 주었을 뿐이므로 물가를 상승시킬 만한 수요 증가를 일으켰다고 보기 어렵다.

다시 정리하자면, 최근 대유행 시기 미국의 인플레이션 상승은 상품 가치의 상승과 상품가격이 가치로부터 괴리하여 상승한 것이 모두 작용한 결과이다.

2) 한국의 인플레이션 상승

우리나라도 세계 인플레이션 상승의 영향으로 2021년 4월부터 소비자물가 상승의 속도가 빨라지기 시작했다. 우리나라는 2012년부터 2020년까지 인플레이션 둔화의 시기로 소비자물가지수의 연평균 상승률이 1.2%였다. 그러나 2020년 대부분 0%대에 머물렀던 CPI 상승률이 2021년 4월에 2.5%로 상승하기 시작하여 같은 해 10월에는 3.2%로 상승했고, 2022년 3월에는 4.2%, 5월에는 5.3%, 7월에는 6.3%까지 급등했다. 이는 2월에 9.5%까지 치솟았던 1998년 이후 가장 높은 상승률이다. 최근 인플레이션은 2024년이 되어서야 2.9%로 둔화하며 2%대로 떨어졌는데, 연간 상승률은 2020년 0.5%, 2021년 2.5%, 2022년 5.1%, 2023년 3.6%이다. 따라서 우리나라는 9%를 넘나들었던 영국이나 미국보다는 상대적으로 낮은 인플레이션을 보였다. 그러나 인플레이션으로 입은 노동자와 서민의 타격은 작지 않았다. 정부 통계에 따르면 1인 이상 노동자 고용 사업체 월평균 실질임금이 2022년에는 0.2%, 2023년에는 1.1% 감소했다. 물가는 높게 상승했지만 명목임금은 물가 상승분을 보전할 만큼 상승하지 않아 구매력이 감소했다.

주류 경제학자들은 대체로 우리나라 인플레이션 상승이 세계 물가 상승의 영향으로 일어난 것으로 보고 있다. 코로나19 대유행 경기 회복, 세계 공급망 교란, 러시아-우크라이나 전쟁으로 인한 에너지 및 국제 원자재 가격 상승(김덕파 & 어윤종, 2022; 장근혁 & 백인석, 2022)이 가장 큰 원인이고, 환율 상승도 중요한 역할(장근혁 & 백인석, 2022; 강두용, 2022)을 했다고 진단한다. 김덕파 등(2022: 11)은 2022년 2분기 총지수 추세 인플레이션 추정치가 4.86%인데, 한국은행 인플레이션 목표치 2%를 초과한 2.66%의 추가 상승에 대해 교통이 0.78%, 음식 및 숙박이 0.77%, 식료품 및 비주류 음료가 0.56%, 주택·수도·전기·연료 0.55%만큼 기여했다고 한다. 환율의 영향은 수입 결제 통화 비중의 80% 내외를 차지하고 있는 달러가 원화에 대해 강세였던 2022년이 가장 컸을 것이다. 이때 원/달러 환율은 1291.95원으로 전년보다 12.9% 상승했다. 2021년에는 원/달러 환율이 2020년에 비해 하락했었다. 두 번째로 비중이 큰 유로화는 원화에 대해 2021년과 2022년 강세를 보였지만, 수입 결제 비중이 4~6% 내외여서 크게 영향은 주지 못했을 것이다. 엔화는 세 번째로 비중이 큰데, 2021년 2022년 모두 원/엔 환율이 하락했다. 위안화는 2021년, 2022년 모두 원화에 대해 강세를 보였지만, 수입 결제 비중이 1~2% 정도로 적어서 영향이 미미했을 것이다.

일부 업종에서는 비용 상승 폭과 가격 상승 폭 사이에 상당한 괴리가 관찰되는데, 석유 및 석탄 제품은 가격 상승률이 비용 상승률보다 30%포인트 이상 높다고 한다(강두용, 2022). 이는 독과점적 시장 지배력을 이용한 초과 이윤이라고 할 수 있다.

김정성 등(김정성, 임웅지, 오강현, 최열매, 김윤경, 이재진, 2022)은 우리나라의 물가와 임금 관계를 고찰했는데, 분석 대상 기간인 2003년 1분기~2022년 2분기에 임금⇒물가 영향이 물가⇒임금 영향에 비해 유의하지 않은 것으로 나타났다고 한다. 이는 그들의 시차 상관관계에서도 나타났듯이 임금이 물가 상승의 영향으로 상승한다는 것을 보여준다. 하지만 저자들은 인플레이션 둔화 시기에는 임금⇒물가 영향의 관계가 달라질 수 있다며 논리적 일관성이 결여된 주장을 한다. 그들은 임금과 물가 사이에 인과관계의 방향이 시기에 따라 바뀔 수 있다는 비논리적인 주장을 하고 있다. 그리고 그들은 기대 인플레이션⇒임금⇒실제 인플레이션⇒기대 인플레이션 경로가 통계적으로 유의하게 작동한다고 주장하지만, 임금의 인상은 인플레이션의 결과이기에 기대

소비자물가지수 변동률(전년 동기 대비)

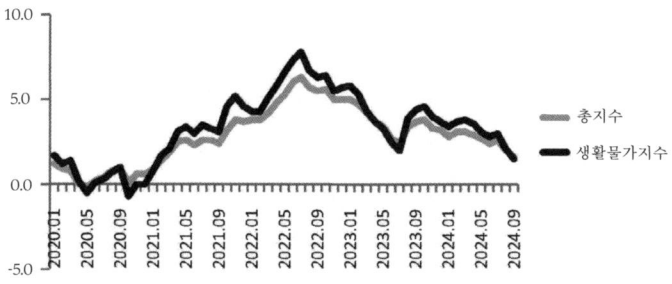

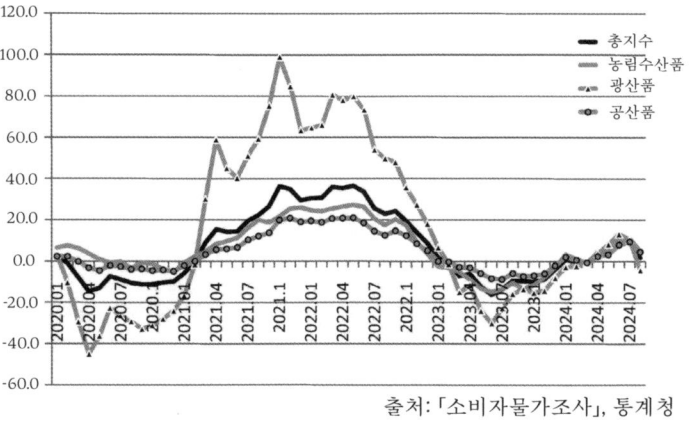

출처: 「소비자물가조사」, 통계청

인플레이션이라는 개념 자체가 허구이고, 따라서 이러한 분석 자체가 비논리적이라고 할 수 있다.

주요국 통화에 대한 원화 평균 환율. 단위(원)

연도	원/달러	원/유로	원/엔(백 엔)	원/위안
2019	1,165.65	1,304.81	1,069.76	168.58
2020	1,180.05	1,345.99	1,105.07	170.88
2021	1,144.42	1,352.79	1,041.45	177.43
2022	1,291.95	1,357.38	983.44	191.57
2023	1,305.41	1,412.36	931.24	184.22

출처: 한국은행 경제 통계 시스템(ECOS) ※ 원/달러, 원/위안은 매매기준율임.

주요 통화 환율의 전년 대비 변화율

연도	원/달러	원/유로	원/엔	원/위안
2020	1.2	3.2	3.3	1.4
2021	-3.0	0.5	-5.8	3.8
2022	12.9	0.3	-5.6	8.0
2023	1.0	4.1	-5.3	-3.8

저자 계산. 출처: 한국은행 경제 통계 시스템(ECOS).

맺음말

 이 책에서는 인플레이션의 원인을 과학적으로 밝히고 인플레이션의 내적 동학을 이론적으로 규명하면서 인플레이션 이론을 구성했으며, 현실 인플레이션에 대한 경험적 분석을 시도하였다. 이를 위해 먼저 마르크스 가치론의 기초 위에서 마르크스의 화폐론과 신용론 그리고 그가 수행한 고전 정치경제학 가치론·화폐론·화폐수량설에 대한 비판을 충실하게 정리하였다. 이러한 작업을 토대로 가치의 표현으로서 현대 법정불환지폐가 상품을 생산하기 위해 지출된 생산적 노동시간의 일정량을 나타내며, 따라서 '노동시간의 가치 증표'라고 정의하였으며, 불환지폐의 본질을 밝혔다. 이와 함께 현대 불환지폐를 신용/부채로 간주하고 그것이 나타내는 가치의 크기를 신용/부채에서 찾는 일부 마르크스주의 경제학자들의 주장과 MMT를 포함한 부르주아 경제학 이론을 논박했다. 또한 부르주아 경제학의 화폐수량설과 힐퍼딩의 화폐론 및 화폐수량설을 자세히 살펴보면서 오류를 비판했다. 더 나아가 마르크스의 가치론·화폐론·신용론에 기초하여 이론적 차원에서 주기적 물가 변동과 신용제도의 관계를 규명하고, 이에 근거하여 물가 상승(인플레이션)과 물가 하락(디플레이션)의 일반 이론을 구성했다.

가치 차원을 몰각한 부르주아 경제학이 분석하듯이 공급과 수요 요인에서 일어나는 가격 차원의 변화만을 살펴보는 것으로는 인플레이션의 원인을 제대로 밝혀낼 수 없다. 생산성 변동, 기후 위기 또는 자연력의 영향으로 인한 농·수·임업 생산물의 감소, 석유 카르텔의 공급 조절, 공급 부족 및 수요 증가, 운송 시간의 증가, 신용 팽창과 수축, 환율, 필요 화폐 유통량을 초과한 실제 화폐 유통량 등을 가격 차원뿐만 아니라 가치 차원의 변화를 함께 고찰했을 때 인플레이션의 원인과 동학을 정확하고 과학적으로 밝힐 수 있다.

최근 세계적 인플레이션 상승이 일어났을 때 뉴스 프로그램에 출연한 경제 평론가들뿐만 아니라 대부분의 주류 경제학자들이 가장 많이 지목한 인플레이션의 원인이 임금 상승, 고용 증가, 통화량 증가였다. 그만큼 부르주아 경제학이 유포한 필립스 곡선과 화폐수량설의 논리가 세상을 지배하고 있다는 증거이다. 노동자의 생활비로서 임금의 상승은 물가 상승의 결과이지 그 원인일 수 없고, 경기 과열기에 고용이 증가하여 임금이 상승하는 경우 기업 간 경쟁에 의해 임금 상승분을 가격에 전가할 수 없기에 이윤의 감소로 이어질 수밖에 없다는 것을 이 책에서 논증했다. 그리고 유통 영역에 필요한 화폐량은 화폐 유통 속도가 주어져 있을 경우 상품가격 총액으로 결정되며, 따라서 화폐 유통량의 증가로 물가 상승이 일어나려면 유통 영역의 필요량을 초과했을 경우뿐이며, 그렇지 않을 경우에는 일어날 수 없음을 논증했다. 따라서 화폐의 공급이 민간이 가진 기존 부채의 결제를 위해서 일어난다거나, 부족한 화폐량을 보충하기 위해서 일어난다면 전혀 물가 상승의 원인이 될 수 없다. 더불어 부르주아 경제학 또는 일부 마르크스주의 경제학에서 통화량으로 간주하는 M2 또는 M3의 많은 부분은 신용화폐 또는 은행신용이며, 따라서 마르크스주의 관점에서 정확한 통화량은 본원화폐의 유통량이라는 것을 논증했다. 이렇게 열거한 이유로 인해 실업률을 높이거나 통화량을 축소시켜서 인플레이션을 잡겠다는 노력으로 이자율을 인상했던 주요 경제국 중앙은행의 정책은 인플레이션을 해결하는 데 어떤 효과도 가지지 못했다. 단지 은행업의 이윤을 높여 주고 기업가 이윤을 축소시킴으로써 기업으로 하여금 노동자 착취를 강화하도록 부추겼을 뿐이다.

인플레이션이 일어났는데 임금이 그만큼 상승하지 않으면 임금(노동력의 가격)은 노동력의 가치(노동력의 재생산을 위해 실제로 필요한 생활비)보다 하락할 수밖에 없다. 따라서 노동자의 삶은 더욱 가난해진다. 그러므로 인플레이션이 가속하는 상황에서 노동자들이 임금 인상과 국가 복지의 확대를 요구하는 것은 당연한 일이다. 이를 비난하는 것은 지극히 자본가 또는 기업가의 이익을 옹호하는 행위이다.

상품의 가치가 화폐로 평가되어 가격으로 표현되는 자본주의에서는 기본적으로 상품의 공급과 수요가 일치할 수 없는 이유로, 그 외 이 책에서 밝힌 여러 다양한 요인으로 인플레이션이 일어날 수밖에 없으며, 또한 화폐 사용의 효율성을 높여 주고 유휴 화폐자본을 재분배함으로써 기업의 생산 및 유통 활동을 북돋우면서, 소비자의 부족한 소비력을 보충하거나 확대하는 데 기여하는 신용제도는 인플레이션 상승 또는 둔화를 만성화하는 데 기여할 수 있다. 인플레이션이 없는 경제가 되려면 필요한 물품과 서비스의 생산 및 분배가 사회 전체적으로 계획되어 실행되어야 하고, 물품과 서비스 그리고 일할 능력, 즉 노동력이 상품으로 거래되지 않아야 하며, 그리하여 화폐도 더 이상 필요하지 않아 사라져야 한다. 그러한 사회를 건설할 수 있을지 여부는 노동자와 다수 대중의 의지와 투쟁에 달려 있다.

이 책은 기본적으로 인플레이션과 화폐 및 금융에 대한 연구서이지만 자본주의 경제의 폐해와 모순을 해결하고자 고민하고 실천하는 사람, 자본주의 경제를 깊이 있게 이해하고자 하는 사람, 특히 화폐 및 신용 제도와 관련하여 자본주의 경제가 어떻게 작동하는지 알고 싶어 하는 사람, 인플레이션을 깊이 있게 이해해서 대응하고자 하는 사람 들이 두루 읽었으면 하는 바람이다.

참고문헌

강두용., 2022. 「우리나라 인플레이션의 특징과 시사점」, 월간 『KIET 산업경제』, 287, 7-23.

김덕파, & 어윤종., 2022. 「코로나19 이후 급격한 물가 상승의 원인 분석: 지출 목적별 물가지수를 중심으로」, 월간 『한국경제포럼』, 15(2), 1-20.

김바우, 김정현, & 강성우., 2021. 「최근 원자재 가격 상승의 배경과 국내 제조업에 미치는 영향」, 월간 『KIET 산업경제』, 278, 7-20.

김정성, 임웅지, 오강현, 최열매, 김윤경, 이재진., 2022. 「우리나라의 물가-임금 관계 점검」, 『BOK 이슈노트』 제2022-26호.

김창근. 2012. 「힐퍼딩의 『금융 자본론』이 현대 자본주의에서 갖는 의의와 한계」, 『마르크스주의 연구』, 제9권 제1호: 202-244.

단테 알리기에리. 2007. 『신곡』, 김운찬 옮김, 열린책들.

브뤼노프, S. D. 1992. 『국가와 자본』, 신현준 옮김, 새길.

라파비챠스, C. 2020. 『생산 없는 이윤』, 송종운 옮김, 서울경제경영.

랜덜 레이, L. 2017. 『균형재정론은 틀렸다』, 홍기빈 옮김, 책담.

로버츠, M. 2017. 『장기불황』, 유철수 옮김, 연암서가.

마르크스, K. 1988. 『정치경제학 비판을 위하여』, 김호균 옮김, 도서출판 청사.

_____. 1993. 「임금, 가격, 이윤」, 『칼 맑스/프리드리히 엥겔스 저작선집』 제3권, 박종철 출판사.

_____. 2008. 『자본 I-1』, 강신준 옮김, 도서출판 길.

_____. 2010a. 『자본 III-1』, 강신준 옮김, 도서출판 길.

_____. 2010b. 『자본 III-2』, 강신준 옮김, 도서출판 길.

_____. 2015a. 『자본론 I-상』, 김수행 옮김, 비봉출판사.

_____. 2015b. 『자본론 III-상』, 김수행 옮김, 비봉출판사.

_____. 2015c. 『자본론 III-하』, 김수행 옮김, 비봉출판사.

_____. 2019. 『자본 I-상』, 황선길 옮김, 라움.

맨큐, G. 2020. 『거시경제학』, 이병락 옮김, 시그마프레스.

미시킨, F. S. 2021. 『미쉬킨의 화폐와 금융』, 이명훈 옮김, 피어슨에듀케이션코리아.

박도율, & 김종혁., 2023. 「GVC 참여 및 공급망 사슬 교란 현상이 국내 인플레이션 변동에 미치는 영향-COVID-19 전후 비교를 중심으로」, 『경영경제연구』, 45(4), 123-151.

박만섭. 2020. 『포스트케인지언 내생화폐 이론』, 아카넷.

손턴, H. 2014. 『신용화폐론』, 박상수 옮김, 아카넷.

염명배. 2021. 「현대화폐이론(MMT)과 재정적자에 관한 비판적 논의」, 『재정정책논집』 제23집 제3호: 3-50.

오강현, 임웅지, 이택민, 김윤경, 이재진., 2022. 「최근 애그플레이션 현황 및 시사점」, 『BOK 이슈노트』 제 2022-23호

울프, R & 레스닉, S. 2020. 『경제학의 대결』, 유철수 옮김. 연암서가.

이동원, 이승철, 오강현, 강재훈, 김윤경, 이재진., 2021. 「공급 병목이 물가에 미치는 영향」, 『BOK 이슈노트』 제2021-30호.

이종화 & 신관호. 2019. 『거시경제학』, 박영사.

장근혁, & 백인석., 2022. 「국내 인플레이션 결정 요인 및 시사점」, 『이슈보고서』 22-19 1-28

조병수, 민초희., 2024. 「기후 변화가 국내 인플레이션에 미치는 영향」, 『BOK 이슈노트』 제2024-18호.

정운찬. 2000. 『화폐와 금융시장』, 율곡출판사.

카르케디, G. 2017. 『다른 유럽을 향해서』, 유철수 옮김, 한울M플러스.

폴리, D. K. 2015. 『자본의 이해』, 강경덕 옮김, 유비온.

프리드먼, M. 2009. 『화폐 경제학』, 김병주 옮김, 한국경제신문.

힐퍼딩, R. 1993. 『금융자본』, 김수행; 김진엽 옮김, 도서출판 새날.

Adjemian, M. K., Arita, S., Meyer, S., & Salin, D., 2024. Factors affecting recent food price inflation in the United States. *Applied Economic Perspectives and Policy*, 46(2), 648-676.

Albrizio, S., Alvarez, J., Sollaci, A., Bluedorn, J., Dizioli, A., Hansen, N., & Wingender, P. 2022. Wage dynamics post–COVID-19 and wage-price spiral risks. World economic outlook: Countering the costof-living crisis.

Alessandria, G., Khan, S. Y., Khederlarian, A., Mix, C., & Ruhl, K. J. (2023). The aggregate effects of global and local supply chain disruptions: 2020–2022. *Journal of international Economics*, 146, 103788.

Alvarez, J., Bluedorn, J., Bluedorn, M. J. C., Hansen, M. N. J. H., Hansen, N. J., Huang, Y., ... & Sollaci, A. 2022. Wage-price spirals: What is the historical evidence?. International Monetary Fund.

Bernanke, B., & Blanchard, O., 2023. What caused the US pandemic-era inflation?. Peterson Institute for International Economics Working Paper, (23-24).

Brunhoff, S. D. 1976. *Marx on money*, New York, Urizen Books.

_____. 1982. 'Questioning monetarism'. *Cambridge Journal of Economics*, 6(3), pp. 285-294.

_____. 2005. 'Marx's contribution to the search for a theory of money', *Marx's Theory of Money*, London, Palgrave Macmillan.

Carchedi, G. 1991. *Frontiers of Political Economy*, London, Verso.

Carchedi, G & Roberts, M. 2022. *Capitalism in the 21ˢᵗ Century*, London, Pluto Press.

Chau, V., Martinez, M. M. C., Kim, M. T., & Spray, J. A. 2024. *Global Value Chain and Inflation Dynamics*. International Monetary Fund.

Comin, D. A., Johnson, R. C., & Jones, C. J., 2023. Supply chain constraints and inflation (No. w31179). National Bureau of Economic Research.

DePillis, L., 2022. Is 'Greedflation'Rewriting Economics, or Do Old Rules Still Apply?. *The New York Times*, 3.

Diaz, E. M., Cunado, J., & de Gracia, F. P., 2023. Commodity price shocks, supply chain disruptions and US inflation. Finance Research Letters, 58, 104495.

Di Giovanni, J., Kalemli-Özcan, Ṣ., Silva, A., & Yildirim, M. A., 2023. Pandemic-era inflation drivers and global spillovers (No. w31887). National Bureau of Economic Research.

Foley, D. K. 2005. 'Marx's theory of money in historical perspective'. *Marx's theory of money: Modern appraisals*, pp. 36-49. London, Palgrave Macmillan.

Germer, C. 2005. 'The commodity nature of money in Marx's theory'. *Marx's theory of money: Modern appraisals*, pp. 21-35. London, Palgrave Macmillan.

Humphrey, T. M. 1984. *Algebraic quantity equations before Fisher and Pigou*. FRB Richmond Economic Review, 70(5), 13-22.

Isaacson, M., & Rubinton, H., 2023. Shipping prices and import price inflation. *Federal Reserve Bank of St. Louis Review*.

Itoh, M. 2005. The new interpretation and the value of money. *Marx's Theory of Money: Modern Appraisals*, pp. 177-191. London, Palgrave Macmillan.

Itoh, M. & Lapavitsas, C. 1999. *Political economy of money and finance*. Springer.

Jobst, C., & Scheiber, T. 2014. Austria-Hungary: from 1863 to 1914. South-Eastern European Monetary and Economic Statistics from the Nineteenth Century to World War II, 55-100.

Lapavitsas, C. 2022. The return of inflation and the weakness of the side of production. *The Japanese Political Economy*, 48(2-4), 149-169.

Lewis, W. A. 1967. The Deceleration of British Growth, 1873-1913. Development Research Project, Woodrow Wilson School, Princeton University.

Likitkijsomboon, P. 2005. 'Marx's anti-quantity theory of money: a critical evaluation'. *Marx's Theory of Money: Modern Appraisals*, pp. 160-174. London, Palgrave Macmillan.

Marx, K. 1961. *Zur Kritik der Politishcen Ökonomie*, MEW band 13, Dietz.

_____. 1962. *Das Kapital*, MEW band 23, Dietz.

_____. 1964. *Das Kapital*, MEW band 25, Dietz.

_____. 1976. *Capital Vol. 1*. translated by Ben Fowkes, Penguin Books.

_____. 1981. *Capital Vol. 3*. translated by David Ferenbach, Penguin Books.

_____. 2010a. *A Contribution To the Critique of Political Economy, in Marx and Engels Collected Works*, Vol 29, Lawrence & Wishart Electric Book.

_____. 2010b. *Capital Vol. 1*, in Marx and Engels Collected Works, Vol. 35, Lawrence & Wishart Electric Book.

_____. 2010c. *Capital Vol. 3*, in Marx and Engels Collected Works, Vol. 37, Lawrence & Wishart Electric Book.

_____. 2015. *Marx' Economic Manuscript of 1864-1865*, translated by Ben Fowkes, Brill.

Newcomb, S. 1885. *Principles of political economy.* Harper.

Roberts, M. 2020. 'Covid and inflation'(https://thenextrecession.wordpress.com/2020/08/17/covid-and-inflation/)

_____. 2021a. 'Defaltion, inflation or stagflation?'(https://thenextrecession.wordpress.com/2021/02/14/deflation-inflation-or-stagflation/)

_____. 2021b. 'Inflation, interest rates and debt'(https://thenextrecession.wordpress.com/2021/06/27/inflation-interest-rates-and-debt/)

_____. 2022a. 'Inflation: supply or demand?'(https://thenextrecession.wordpress.com/2022/02/19/inflation-supply-or-demand/)

_____. 2022b. 'The war on inflation'(https://thenextrecession.wordpress.com/2022/03/26/the-war-on-inflation/)

Schulze, M. S. 1997. Re-estimating Austrian GDP, 1870-1913: methods and sources.

Selgin, G. 1997. *Less than zero.* London: Institute of Economic Affairs.

Wells, D. A. 1890. *Recent economic changes: and their effect on the production and distribution of wealth and the well-being of society.* New York, Appleton.